Cahier d'activités

CLAIRE SANCHEZ

Crédits iconographiques

Source : stock.adobe.com, © Adobe Stock :
p. 5 : © Syda Productions ; p. 7, gauche : © Irina Schmidt ; p. 7, droite haut : © eyetronic ; p. 7, droite bas : © Tyny3 ; p. 11 : © Unclesam ; p. 12 : milosk50 ; p. 13 : © JFBRUNEAU ; p. 14, gauche : © pixarno ; p. 14, droite : © Cecilia ; p. 23 : © travelview ; p. 25 : © Ricochet64 ; p. 27 : © mast3r ; p. 29 : © Unclesam ; p. 39 : © Alex White ; p. 41 : © Bank Phrom ; p. 43 : © WavebreakmediaMicro ; p. 45 : © gmeviphoto ; p. 47 : © Karola Warsinsky ; p. 48 : © art_zzz ; p. 57 : © wollertz ; p. 59 : © Evan Kirby ; p. 61 : © djvstock ; p. 63, haut : © Microgen ; p. 63, bas : © Romolo Tavani ; p. 64 : © lafaiet ; p. 66 : © Aaron Amat ; p. 67 : © william87 ; p. 75 : © Rawpixel.com ; p. 77 : © Ehimetalor UnuaBona ; p. 79 : © Ramon Carretero ; p. 81 : © ondrejprosicky ; p. 82 : © rdnzl ; p. 83 : © Rawpixel.com ; p. 84 : © Syda Productions ; p. 85 : © vectorstory ; p. 93 : © peshkova ; p. 97, logo : © pict rider ; p. 97, photo : © Rawpixel.com ; p. 99 : © Syda Productions ; p. 101 : © ullrich ; p. 102 : Drivepix ; p. 103 : © milatas ; p. 104 : © Magalice ; p. 118 : © Africa Studio.
p. 9 : artiste inconnu, © BIS / Ph. Hubert Josse, Archives Bordas.
p. 31 : © Micheline Pelletier Decaux, Getty image.
p. 49 : © Jean-Claude Lother, Collection Christophel.

Direction éditoriale : Béatrice Rego
Marketing : Thierry Lucas
Édition : Noëlle Rollet
Conception maquette : Dagmar Stahringer
Conception graphique et mise en pages : AMG
Couverture : Miz'enpage
Enregistrements : Quali'sons

© CLE International / Sejer – Paris, 2018
ISBN : 978-2-09-038974-6

SOMMAIRE

Unité 1 — Souvenirs .... p. 5
  1. Racontons notre enfance .... p. 6
  2. Découvrons des personnages historiques .... p. 8
  3. Vivons avec les changements .... p. 10
  4. Décrivons des monuments .... p. 12
  Grammaire .... p. 14
  Phonétique .... p. 16
  Lexique .... p. 17
  Apprendre à apprendre .... p. 18
  Portfolio .... p. 19
  Entraînement au DELF B1 .... p. 20

Unité 2 — Au nom de la loi .... p. 23
  1. Renseignons-nous sur nos droits .... p. 24
  2. Utilisons les réseaux sociaux .... p. 26
  3. Les droits, parlons-en ! .... p. 28
  4. Proposons des solutions .... p. 30
  Grammaire .... p. 32
  Phonétique .... p. 34
  Lexique .... p. 35
  Apprendre à apprendre .... p. 36
  Portfolio .... p. 37
  Entraînement au DELF B1 .... p. 38

Unité 3 — Affaires sensibles .... p. 41
  1. Révélons une affaire .... p. 42
  2. Analysons des témoignages .... p. 44
  3. Présentons un épisode .... p. 46
  4. Racontons l'histoire .... p. 48
  Grammaire .... p. 50
  Phonétique .... p. 52
  Lexique .... p. 53
  Apprendre à apprendre .... p. 54
  Portfolio .... p. 55
  Entraînement au DELF B1 .... p. 56

Unité 4	Junior Association	p. 59
	1. Devenons bénévoles	p. 60
	2. Communiquons	p. 62
	3. Récoltons des fonds	p. 64
	4. Partageons la vie des autres	p. 66
	Grammaire	p. 68
	Phonétique	p. 70
	Lexique	p. 71
	Apprendre à apprendre	p. 72
	Portfolio	p. 73
	Entraînement au DELF B1	p. 74

Unité 5	Scandales ?	p. 77
	1. Soyons vigilants	p. 78
	2. Parlons art	p. 80
	3. Résistons	p. 82
	4. Exprimons nos sentiments	p. 84
	Grammaire	p. 86
	Phonétique	p. 88
	Lexique	p. 89
	Apprendre à apprendre	p. 90
	Portfolio	p. 91
	Entraînement au DELF B1	p. 92

Unité 6	C'est loin !	p. 95
	1. Partons étudier à l'étranger	p. 96
	2. Informons-nous !	p. 98
	3. Imaginons notre avenir	p. 100
	4. Découvrons d'autres expériences	p. 102
	Grammaire	p. 104
	Phonétique	p. 106
	Lexique	p. 107
	Apprendre à apprendre	p. 108
	Portfolio	p. 109
	Entraînement DELF B1	p. 110

DELF B1 : épreuve blanche .... p. 113
Lexique .... p. 123

Unité 1 — SOUVENIRS

- Leçon 1 .... p. 6-7
- Leçon 2 .... p. 8-9
- Leçon 3 .... p. 10-11
- Leçon 4 .... p. 12-13
- Grammaire .... p. 14-15
- Phonétique .... p. 16
- Lexique .... p. 17
- Apprendre à apprendre .... p. 18
- Portfolio .... p. 19
- Entraînement au DELF B1 .... p. 20-22

Unité 1
1. Racontons notre enfance

Compréhension de l'oral 🎧 01

1 Répondez aux questions.
   a. Quel est le pays de naissance de Madjid ? ....
   b. Dans quels autres pays il a vécu ? ....

2 Cochez la bonne réponse.
   a. Qu'est-ce qu'il aimait faire chez sa grand-mère ?
      1. Faire la cuisine. ☐
      2. Jouer au foot. ☐
      3. Jouer dans la maison. ☐
   b. Pourquoi Madjid et ses parents sont allés vivre dans un autre pays ?
      1. À cause du travail du père de Madjid. ☐
      2. À cause de la passion de Madjid. ☐
      3. À cause du climat. ☐
   c. Qu'est-ce qui a été difficile pour lui à son arrivée dans un autre pays ?
      1. Se déplacer. ☐
      2. Comprendre les gens. ☐
      3. Manger la cuisine locale. ☐
   d. Pourquoi Madjid aimait les grands parcs ?
      1. Parce qu'il y jouait au foot. ☐
      2. Parce qu'il y retrouvait ses amis. ☐
      3. Parce qu'il y faisait des pique-niques. ☐

Lexique

3 Retrouvez les mots en vous aidant des définitions et des lettres données.
   a. E __ F __ __ __ E : première période de la vie, quand on a entre 0 et 12 ans environ.
   b. N __ __ __ __ __ N __ __ : arrivée au monde, début de la vie.
   c. S __ __ V __ __ __ R : moment qu'on se rappelle.
   d. A __ __ __ E __ __ E __ __ E : période de la vie, quand on a entre 12 et 18 ans environ.

Grammaire

4 Conjuguez les verbes aux temps demandés.
   a. Quand j' .... (être, imparfait) enfant, je .... (vivre, imparfait) au Sénégal.
   b. Emilia et Chloé .... (passé, passé composé) leur enfance au Canada.
   c. Nous .... (rester, passé composé) plusieurs années en Belgique mais, un jour, nous .... (devoir, passé composé) déménager.
   d. Ma grand-mère .... (naître, passé composé) à Madagascar mais elle .... (partir, passé composé) à l'âge de 5 ans.

5 Faut-il employer le passé composé ou l'imparfait ? Conjuguez les verbes au temps correct.

Ariana .... (naître) en Suisse mais elle .... (grandir) en France. Quand elle .... (avoir) entre 12 et 17 ans, elle .... (vivre) à Paris avec ses parents. Ils .... (habiter) tous les trois près de la tour Eiffel : c'............................... (être) magnifique ! Un jour, Ariana et sa famille .... (devoir) quitter le pays et ils .... (retourner) en Suisse.

Compréhension des écrits

6 Lisez le blog d'Alexis et répondez aux questions.

LE BLOG D'ALEXIS
Mes souvenirs d'enfance...

J'ai beaucoup voyagé pendant mon enfance et j'ai vécu dans plusieurs pays !

Le Japon : c'est le pays où je suis né. Je n'y ai pas beaucoup de souvenirs malheureusement car j'y ai vécu jusqu'à l'âge de 2 ans seulement !
À côté, c'est le temple Sensō-ji, à Tokyo : c'est l'endroit où mes parents se sont rencontrés !

J'ai ensuite grandi en **Tunisie** dans une grande maison. Je me souviens très bien de la chaleur en été et de l'odeur de fleur d'oranger dans le jardin...
Sur la photo, on me voit avec mon petit frère. On adorait aller jouer sur la plage !

Quand j'ai eu 14 ans, ma famille et moi sommes allés nous installer en **Suisse**, le pays de naissance de mes grands-parents ! Nous habitions dans le même quartier qu'eux, près d'un grand parc. Tous les étés, on allait au bord du lac Léman. C'est là que j'ai rencontré mes meilleurs amis, Thomas et Julien !

a. À quel endroit les parents d'Alexis se sont rencontrés ?
....

b. Dans quel pays Alexis a longtemps vécu pendant son enfance ?
  1. Le Japon. ☐
  2. La Tunisie. ☐
  3. La Suisse. ☐

c. Où Alexis a rencontré Thomas et Julien ?
....

d. À quel endroit Alexis aimait jouer avec son frère ?
  1. Dans leur grande maison. ☐
  2. Dans le jardin. ☐
  3. Sur la plage. ☐

e. Qu'est-ce qui s'est passé en Suisse ?
  1. Les grands-parents d'Alexis y sont nés. ☐
  2. Les grands-parents d'Alexis s'y sont rencontrés. ☐
  3. Les grands-parents d'Alexis s'y sont mariés. ☐

Production écrite

7 Racontez un souvenir heureux de votre enfance : un voyage, des vacances, etc. Décrivez bien les lieux et les personnes. (80 mots environ.)

Unité 1 — 2. Découvrons des personnages historiques

Compréhension de l'oral

1 Répondez aux questions.
a. En quelle année le Procope a ouvert ses portes ? ....
b. Il proposait un produit très nouveau pour l'époque. Lequel ? ....

2 Cochez la bonne réponse.
a. Qui a créé ce célèbre café parisien ?
   1. Un restaurateur espagnol. ☐
   2. Un cuisinier italien. ☐
   3. Un révolutionnaire français. ☐
b. Le Procope se trouve dans quel quartier de Paris ?
   1. Rue de la Comédie Française, dans le 16e arrondissement. ☐
   2. Rue de la République Française, dans le 5e arrondissement. ☐
   3. Rue de l'Ancienne Comédie, dans le 6e arrondissement. ☐
c. Qu'est-ce qu'on dit à propos du Procope ?
   1. C'est l'endroit où Diderot a écrit une partie de l'*Encyclopédie*. ☐
   2. C'est l'endroit où Voltaire a écrit une lettre très critique au roi. ☐
   3. C'est l'endroit où Rousseau a écrit un livre sur les droits de l'Homme. ☐

Lexique

3 Retrouvez cinq mots de la leçon dans la grille. Les mots sont cachés horizontalement, de gauche à droite (→).

A	Q	O	R	Q	A	I	V	A	Z	C	E	N	N
A	Y	A	K	A	P	E	J	R	I	G	G	X	Q
M	F	D	E	T	E	R	M	I	N	E	A	E	S
Z	J	E	P	V	M	I	R	R	E	Y	I	J	A
J	C	U	R	I	E	U	X	A	X	E	A	I	Q
I	E	O	U	S	B	S	Z	U	U	P	C	E	R
E	F	T	O	L	E	R	A	N	T	O	Q	D	H
H	H	E	X	C	I	S	R	U	W	E	U	E	P
C	Z	K	X	L	S	O	L	I	T	A	I	R	E
F	S	I	B	I	D	Y	V	M	J	G	X	A	N
K	E	J	S	W	N	B	I	A	Y	A	E	D	L
U	S	O	C	I	A	B	L	E	E	T	T	Y	K
D	X	M	E	G	C	F	L	G	A	Y	E	B	M
W	O	R	O	B	I	C	A	I	M	O	U	K	B

Grammaire

4 Complétez les phrases avec les relatifs *qui*, *que*, *où*.
a. La tolérance et la liberté : voilà des idées .... Voltaire défendait !
b. Genève est la ville .... Rousseau est né.
c. Vous connaissez les philosophes .... ont écrit l'*Encyclopédie* ?
d. L'auteur .... je préfère est Diderot.
e. Ce sont des personnages .... ont marqué l'histoire de France.

Compréhension des écrits

5 Lisez la biographie d'Olympe de Gouges.

OLYMPE DE GOUGES : UNE RÉVOLUTIONNAIRE !

Marie Gouze est née dans le sud de la France le 7 mai 1748 et s'est mariée à l'âge de 17 ans. Peu de temps après la mort de son mari en 1766, elle a quitté le sud de la France pour s'installer à Paris où elle est devenue écrivain.

Elle a écrit plusieurs œuvres, notamment des pièces de théâtre. Elle les signait de son nouveau nom : « Olympe de Gouges ». Elle avait beaucoup de courage et elle a mené plusieurs combats pour l'égalité. En 1785, elle a publié une pièce de théâtre, *Zamore et Mirza*, où elle critiquait les conditions de vie des esclaves et la politique du roi. Cette pièce a causé un scandale dans le pays.

En 1791, elle a décidé d'écrire un texte sur le même modèle que la *Déclaration des droits de l'homme et du citoyen* pour défendre les droits des femmes : la *Déclaration des droits de la femme et de la citoyenne*, où elle a demandé l'égalité politique et sociale entre les hommes et les femmes. Mais ce texte était trop révolutionnaire pour l'époque et, à cause de ses idées, on lui a coupé la tête en 1793.

D'après *1jour1actu.com*.

a. Quelle était la profession d'Olympe de Gouges ? ....

b. Quel était son caractère ?
  1. Courageuse. ☐
  2. Solitaire. ☐
  3. Curieuse. ☐

c. De quoi parle *Zamore et Mirza* ?
  1. De la religion. ☐
  2. Des droits de la femme. ☐
  3. De l'esclavage. ☐

d. Quelles étaient ses idées ?
  1. Elle critiquait les droits de l'homme. ☐
  2. Elle défendait l'égalité entre les sexes. ☐
  3. Elle défendait le roi et la monarchie. ☐

e. Qu'est-ce qui arrive à Olympe de Gouges à la fin de sa vie ?
  1. Elle s'exile. ☐
  2. On la tue. ☐
  3. On la met en prison. ☐

Production écrite

6 Écrivez la biographie d'un personnage historique qui a marqué l'histoire de votre pays grâce à ses idées. (80 mots environ.)

Unité 1 — 3. Vivons avec les changements

Compréhension de l'oral

1 Répondez aux questions.
a. Qu'est-ce que les « Petits Beurres » ? ....
b. Qu'est-ce que le « Lieu unique » ? ....

2 Cochez la ou les bonne(s) réponse(s).
a. Pourquoi l'usine a fermé en 1986 ?
  1. Pour des raisons écologiques. ☐
  2. Pour des raisons économiques. ☐
  3. Pour des raisons politiques. ☐
b. Où se trouve le « Lieu unique » ?
  1. Quai Jean-Marie-Lépinay. ☐
  2. Quai Ferdinand-Favre. ☐
  3. Loin du centre-ville. ☐
c. Qu'est-ce qu'on trouve au « Lieu unique » ?
  1. Un bar traditionnel un peu cher. ☐
  2. Des magasins de vêtements modernes. ☐
  3. Des expositions artistiques variées. ☐

Lexique

3 Complétez la grille de mots croisés. Aidez-vous des définitions.

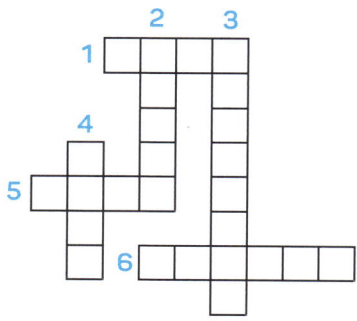

Horizontal
1. Espace au bord d'un fleuve ou de la mer où on peut se promener.
5. Lieu où les trains et les voyageurs s'arrêtent.
6. Bâtiment religieux des chrétiens.

Vertical
2. Grand bâtiment où on fabrique des objets, des aliments…
3. Bâtiment à plusieurs étages.
4. Grand jardin public.

Grammaire

4 Remettez les phrases dans l'ordre.
a. quartier / moi. / Tu / autant / aimes / que / ce
  → ....
b. centre-ville. / est / Le / tranquille / le / plus / parc / que
  → ....
c. la / est / immeuble / que / Cet / gare. / beau / aussi
  → ....
d. dans / touristes / a / Il / que / moins / capitale. / y / de / la
  → ....

Compréhension des écrits

5 Lisez la présentation du musée de la canne à sucre.

DÉCOUVRIR L'ÎLE DE LA RÉUNION

Musée Stella Matutina

Le musée Stella Matutina (« l'étoile du matin » en latin) se trouve sur l'île de la Réunion, dans l'océan Indien. Il est installé dans une ancienne usine sucrière, à Piton Saint-Leu. Cette usine a été construite en 1855 par un médecin, Jean Dussac, puis rachetée par les Sucreries de Bourbon en 1956. Après de nombreux travaux, elle est devenue une usine moderne : c'était la première usine de la Réunion à produire du sucre de canne ! Grâce à elle, les techniques de production de sucre ont évolué sur l'île. Fermée en 1978 pour des raisons économiques, elle est devenue un musée en 1991. Ses visiteurs peuvent maintenant découvrir des machines qu'on utilisait dans les années 1950, des anciennes techniques industrielles de la fabrication du sucre, mais aussi des informations sur l'histoire de l'île et de sa population.

Le musée propose tous les jours des projections de film sur l'histoire de la culture de la canne à sucre, des jeux éducatifs pour les enfants. À la fin de chaque visite, une dégustation de produits au sucre de canne !

Canne et morceaux de sucre.

a. Qui a construit l'usine ?
....

b. Pourquoi cette usine est spéciale pour l'île ?
   1. Parce que c'est la seule usine de l'île. ☐
   2. Parce que c'est la plus ancienne usine de l'île. ☐
   3. Parce qu'elle produisait tout le sucre de l'île. ☐

c. Quand l'usine a fermé ?
....

d. Qu'est-ce qu'on peut voir au musée Stella Matutina ?
   1. Des cuisiniers qui font des desserts au sucre de canne. ☐
   2. Un film sur la population de la Réunion dans les années 1950. ☐
   3. D'anciens appareils qui permettaient la fabrication du sucre ☐

e. Qu'est-ce qu'on peut faire après une visite ?
....

Production écrite

6 D'après vous, à quoi ressemblera votre ville dans vingt ans ? Imaginez toutes les transformations qu'elle connaîtra et répondez au futur simple. (80 mots environ.)

Unité 1 — 4. Décrivons des monuments

Compréhension de l'oral 🎧 04

1 Répondez aux questions.
a. Qu'est-ce qu'on fête au moment de cette émission radio ? ....
b. Madagascar se trouve à combien de kilomètres de Paris ? ....

2 Cochez la bonne réponse.
a. Que signifie « Antananarivo » en malgache ?
  1. La ville du roi. ☐
  2. La ville des mille. ☐
  3. Le château de la reine. ☐
b. Où se trouve le monument ?
  1. Dans le centre-ville. ☐
  2. Dans une plaine. ☐
  3. Sur une colline. ☐
c. Qui l'a construit ?
  1. Des architectes américains. ☐
  2. Des architectes européens. ☐
  3. Un architecte malgache. ☐
d. Il y a combien d'habitants environ à Antananarivo ?
  1. 2 millions. ☐
  2. 5 millions. ☐
  3. 10 millions. ☐

Lexique

3 Retrouvez les mots en vous aidant des lettres et des définitions.
a. R O T U : ....
b. D A T E S : ....
c. M E P L E T : ....
d. T A T U S E : ....
e. M Y R I A D E P : ....
f. O P R A C O L E : ....

Grammaire

4 Conjuguez les verbes au futur simple.
a. Demain, nous .... (pouvoir) pique-niquer au parc.
b. Des travaux de rénovation .... (avoir) lieu dans le quartier.
c. Dans quelques jours, l'ancienne gare .... (être) détruite.
d. Le mois prochain, on .... (aller) au musée.
e. Attention : dimanche, il .... (pleuvoir) ! Il .... (falloir) prendre son parapluie !

Compréhension des écrits

5 Découvrez l'histoire de l'Obélisque.

L'OBÉLISQUE DE LOUXOR

C'est le plus vieux monument de Paris, il se trouve sur l'une des plus célèbres places de la capitale française, mais il n'est pas français. L'Obélisque, situé sur la place de la Concorde, est un cadeau que le vice-roi d'Égypte Méhémet Ali a offert à la France en 1830.

Cette immense pierre de 23 mètres a été construite il y a plus de trois mille ans sous le règne du pharaon Ramsès II. C'est l'un des deux obélisques qui se trouvaient devant un temple de la ville de Louxor. On peut y voir des dessins et des inscriptions à la gloire du pharaon.

L'obélisque de 230 tonnes a été transporté par un bateau appelé... le *Luxor* ! Après sept ans de voyage de l'Égypte à la France, on a enfin pu poser l'obélisque à Paris le 25 octobre 1836 en présence de 200 000 personnes et du roi Louis-Philippe Ier.

Pour remercier l'Égypte, la France lui a offert en 1845 une immense horloge placée aujourd'hui au Caire. Mais on dit qu'elle n'a jamais fonctionné ! Cent ans après son installation à Paris, l'obélisque de Louxor a été classé « monument historique ».

D'après *Karambolage*, www.arte.fr.

L'Obélisque

a. Qu'est-ce que l'Obélisque ?
  1. Une très grande pierre de 23 tonnes. ☐
  2. Un monument vieux de plus de 3 000 ans. ☐
  3. Un temple égyptien de l'époque des pharaons. ☐

b. Qui a offert l'Obélisque à la France ?
  ....

c. Qui était le roi de France quand on a installé l'Obélisque à Paris ? ....

d. Vrai ou faux ?

	Vrai	Faux
1. L'Obélisque se trouve sur les Champs-Élysées.	☐	☐
2. L'Obélisque a été réalisé en l'honneur de Méhémet Ali.	☐	☐
3. L'Obélisque est le plus ancien monument parisien.	☐	☐

Production écrite

6 Présentez le monument le plus emblématique de votre pays. Décrivez-le et racontez son histoire. (80 mots environ.)

Unité 1 — Grammaire

1. Associez les débuts et les fins de phrases.

a. Lili et moi
b. Tu
c. Vous
d. Max
e. Mes amis

1. est né en Italie.
2. sommes rentrés la semaine dernière.
3. ont vu les pyramides d'Égypte !
4. as pris des photos du château.
5. êtes restés une semaine à Paris.

2. Soulignez le COD quand il y en a un.

a. J'ai entré mon code pour entrer dans l'immeuble.
b. Les voisins sont sortis pendant notre absence.
c. Tu as passé ton enfance en Espagne.
d. Ils sont montés jusqu'en haut de la tour.
e. Vous avez visité le musée du Louvre samedi matin.

3. Cochez la forme juste.

a. Mark a .... les châteaux de la Loire.　　visité ☐　visités ☐
b. Julia est .... en Russie pendant les vacances.　　allé ☐　allée ☐
c. Ils ont .... des monuments magnifiques !　　vu ☐　vus ☐
d. Sarah et Maya ont .... cinq ans dans cette ville.　　habité ☐　habitées ☐
e. Elle a .... des touristes québécois.　　rencontré ☐　rencontrés ☐

4. Lisez les informations et comparez les monuments entre eux, comme dans l'exemple

- **La cathédrale Notre-Dame de Paris :**
  12 millions de visiteurs par an ; fin de construction : 1345 ; surface : 4 800 m² ; hauteur : 69 mètres ; distance avec la tour Eiffel : 5 km

- **Le centre Pompidou :**
  3 millions de visiteurs par an ; fin de construction : 1977 ; surface : 103 305 m² ; hauteur : 46 mètres ; distance avec la tour Eiffel : 5 km

Ex : La cathédrale Notre-Dame de Paris accueille plus de visiteurs par an que le centre Pompidou.

a. ....
b. ....
c. ....
d. ....

5. Remettez les phrases dans l'ordre.

a. la / je / né(e). / C' / suis / ville / est / où
→ ....

b. préférez ! / Eiffel / monument / vous / est / La / le / que / tour
→ ....

c. en / Voltaire / Angleterre. / C' / vécu / qui / est / a
→ ....

d. parc / faisait / Voici / des / où / le / on / pique-niques !
→ ....

e. te / habitait / de / famille / Tu / qui / ici. / souviens / la
→ ....

6. Complétez les phrases librement.

a. C'est le pays que ....
b. Nous avons photographié la statue qui ....
c. Voici l'usine où ....
d. Les visiteurs qui ....
e. J'ai beaucoup aimé les monuments que ....

7. Complétez la grille avec les verbes conjugués au futur simple.

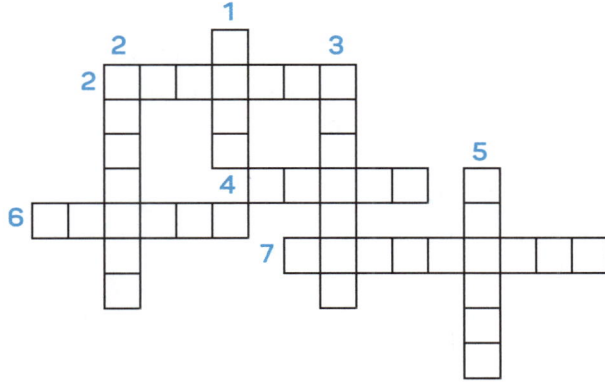

Horizontal
2. Pouvoir, 2ᵉ personne du singulier.
4. Faire, 1ʳᵉ personne du singulier.
6. Devoir, 2ᵉ personne du singulier.
7. Envoyer, 3ᵉ personne du pluriel.

Vertical
1. Aller, 2ᵉ personne du pluriel.
2. Pleuvoir, 3ᵉ personne du singulier.
3. Savoir, 1ʳᵉ personne du pluriel.
5. Être, 3ᵉ personne du pluriel.

Unité 1 — Phonétique

Les sons [E], [Ø] et [O]

1 Écoutez. Vous entendez quel son ? Cochez la bonne réponse. 🎧 05

	[E]	[Ø]	[O]
a.	☐	☐	☐
b.	☐	☐	☐
c.	☐	☐	☐
d.	☐	☐	☐
e.	☐	☐	☐
f.	☐	☐	☐

2 Lisez les phrases suivantes. Ensuite, écoutez la prononciation et répétez en face d'un miroir. 🎧 06
   a. J'allais chez eux.
   b. Le ticket est à deux euros !
   c. Vous aimez ce lieu ?
   d. Mes neveux rêvent.
   e. Il a de beaux cheveux.
   f. Il a de beaux chevaux.

3 Écoutez. Vous entendez quel mot ? Cochez la bonne réponse. 🎧 07

a. eux ☐	est ☐	haut ☐
b. le ☐	laid ☐	l'eau ☐
c. me ☐	mais ☐	mot ☐
d. ne ☐	naît ☐	nos ☐
e. te ☐	tait ☐	tôt ☐
f. coûteux ☐	coûtait ☐	couteau ☐

4 Écoutez et complétez avec *eu*, *è*, *o*. 🎧 08
   a. Cet ad............ fait du sp............rt tous les j............dis.
   b. Il v............x visiter la N............rv............ge.
   c. La Pol............gne est un pays d'............rope.
   d. Mon fr............re est monté dans un hélic............pt............re.
   e. Tu c............nnais la Rév............lution française ?

5 Écoutez. Combien de fois vous entendez le son [Ø] ? Cochez la bonne réponse. 🎧 09
   a. .... fois
   b. .... fois
   c. .... fois
   d. .... fois
   e. .... fois

6 Écoutez et écrivez les phrases prononcées. 🎧 10
   a. ....
   b. ....
   c. ....
   d. ....
   e. ....

Lexique

1 Retrouvez 6 mots de l'unités dans la grille. Les mots sont cachés horizontalement, de gauche à droite (→).

C	Z	I	G	L	S	O	F	Y	C	Z	N	R	K
I	I	H	A	D	E	W	L	C	Q	L	N	K	A
T	I	C	C	A	X	H	O	T	T	O	U	R	Y
P	Z	B	P	E	M	J	N	I	E	E	Y	T	K
E	E	B	S	R	X	J	P	B	S	N	D	E	O
E	P	U	Z	E	W	X	Y	Z	E	U	M	Y	N
A	C	R	O	P	O	L	E	K	P	H	C	Y	D
S	A	A	V	G	C	J	A	K	G	N	Z	X	I
K	R	C	N	P	W	D	W	Y	U	A	A	E	Y
J	S	A	Q	S	T	A	D	E	E	V	W	J	O
S	T	A	T	U	E	D	N	D	U	I	U	M	N
W	X	H	O	Y	T	K	T	B	C	N	J	I	F
U	U	J	K	Y	V	Z	T	E	M	P	L	E	G
K	X	V	P	Y	R	A	M	I	D	E	E	S	Z

2 Complétez le texte avec les mots de la liste.

souvenirs – naissance – enfance – adolescence

De la neige... au soleil !

Victoria est née en hiver, au Canada. Le jour de sa ...., il neigeait beaucoup.
Elle a passé une partie de son .... au Québec mais elle n'a pas beaucoup de .... de cette époque. Ses parents et elle ont déménagé quand elle avait 6 ans pour la Suisse où elle a vécu jusqu'à son .... À l'âge de 22 ans, Victoria a choisi de vivre enfin au soleil : destination, la Nouvelle-Calédonie !

3 Retrouvez les mots en vous aidant des lettres et des définitions.
a. D __ __ __ R __ __ __ __ : si quelqu'un est décidé, ferme, sûr, il est...
b. T __ __ É __ __ __ T : si quelqu'un accepte les opinions différentes des siennes, il est...
c. C __ __ I __ __ __ : si quelqu'un a envie de connaître et de comprendre quelque chose, il est...
d. S __ C __ __ __ __ __ : si quelqu'un aime la compagnie des autres, il est...
e. S __ __ __ T __ __ __ __ : si quelqu'un préfère être seul, il est...

4 Associez le mot et le synonyme.
a. moderne   1. écologique
b. tranquille   2. typique
c. emblématique   3. récent
d. naturel   4. accueillant
e. convivial   5. calme

5 Complétez avec mes mots de la liste.

l'année prochaine – l'année dernière – la semaine dernière – la semaine prochaine – dans quelques jours

Nous sommes le lundi 3 septembre 2018.

a. Le 10 septembre 2018, c'est ....
b. Le 3 septembre 2017, c'est ....
c. Le 7 septembre 2018, c'est ....
d. Le 3 septembre 2019, c'est ....
e. Le lundi 27 août 2018, c'est ....

Unité 1 — Apprendre à apprendre

L'adjectif qualificatif

1. Je place l'adjectif au bon endroit dans la phrase.

Certains adjectifs sont placés avant le nom : des adjectifs courants et courts comme *beau, bon, court, demi, grand, gros, haut, jeune, joli, long, nouveau, petit*, etc. et des adjectifs *premier, deuxième, troisième*…
Certains adjectifs peuvent être placés avant ou après le nom. Attention : le sens peut parfois changer ! C'est le cas avec grand, petit et pauvre, par exemple : un **grand** homme (= célèbre, important) ≠ un homme **grand** (= de grande taille) ; un **pauvre** homme (= malheureux, qui n'a pas de chance) ≠ un homme **pauvre** (= sans argent, qui n'est pas riche).

Réécrivez les phrases avec les adjectifs placés avant ou après les mots en gras.

a. Cette **statue** se trouve dans le **quartier**. (belle, touristique)
   → ....
b. Nous avons visité la **capitale** pendant les **vacances**. (canadienne, grandes)
   → ....
c. J'ai passé mon enfance dans une **maison**. (petite, blanche)
   → ....
d. Les touristes prennent des photos de cette **église** du **siècle**. (catholique, seizième)
   → ....
e. Vous avez vu le **stade** à côté de l'**usine** ? (nouveau, automobile)
   → ....
f. La Panthéon est un **monument** où sont enterrés les **hommes** : des hommes politiques, des écrivains, des philosophes… (belge, grand)
   → ....

2. J'accorde au féminin les adjectifs simples.

En **général**, pour mettre un adjectif au féminin, on **ajoute un -E**. Les adjectifs qui se terminent par **-E au masculin** ne changent pas au féminin.

Remplacez les mots en gras avec les mots entre parenthèses et accordez tous les adjectifs.

a. Voici **mon parc préféré** à Aix en Provence ! (ma fontaine) → ....
b. J'aime beaucoup **ce musée moderne**. (cette gare) → ....
c. C'est **le premier pays** où j'ai vécu. (la ville) → ....
d. Tu as photographié **un monument parisien très connu**. (une église) → ....

3. Je pense à doubler la consonne finale quand il faut.

Mettez les adjectifs au féminin.

a. ancien → ....   d. gros → ....
b. bon → ....   e. gentil → ....
c. italien → ....   f. naturel → ....

4. J'emploie le féminin des adjectifs irréguliers : leur terminaison change beaucoup.

Complétez le texte avec les mots de la liste.

vieille – ancien – belles – historique – publique – française – longue

« Je suis né dans une ville ...., à côté de Marseille. J'ai grandi dans le quartier .... Je me rappelle : il y avait une .... statue sur la place .... au bout de l'avenue Thiers, une rue très .... La ville a changé : la statue a été détruite et l'............................... stade est maintenant un jardin où on peut faire de .... promenades. »

Portfolio

	Oui	Pas complètement	Pas encore
Langue			
Je peux faire une description au passé.			
Je peux raconter une action au passé.			
Je peux raconter mes souvenirs d'enfance.			
J'arrive à situer mon discours dans le passé et dans le futur.			
Apprendre à apprendre			
Je connais la place de l'adjectif dans la phrase.			
Je sais former le féminin d'un adjectif.			
Grammaire			
J'arrive à bien distinguer le passé composé et l'imparfait.			
Je maîtrise bien les pronoms relatifs *qui, que, où*.			
Je maîtrise bien les comparatifs et les superlatifs.			
Je maîtrise bien le futur simple.			
Lexique			
Je connais les noms des grandes étapes de la vie.			
Je peux décrire le caractère de quelqu'un.			
Je connais du lexique de la ville.			
Je peux qualifier un lieu.			
Je connais plusieurs types de monuments.			
Phonétique			
Je distingue les sons [E], [Ø] et [O].			
Je prononce correctement [E], [Ø] et [O].			
Civilisation			
Je connais le siècle des Lumières.			
Je connais plusieurs grands philosophes français.			
Je connais plusieurs grands monuments de pays francophones.			

Unité 1 — Entraînement au DELF

Compréhension de l'oral

Vous allez entendre trois documents sonores, correspondant à trois exercices.
Pour le premier et le deuxième document, vous aurez :
- 30 secondes pour lire les questions ;
- une première écoute, puis 30 secondes de pause pour commencer à répondre aux questions
- une seconde écoute, puis 1 minute de pause pour compléter vos réponses.

Exercice 1 🎧 11

1. Qui est né à Aix ?
   - a. Éric. ☐
   - b. La mère d'Éric. ☐
   - c. Le père d'Éric. ☐

2. Selon Éric, il y a combien de fontaines à Aix ?
   ....

3. Quelle est la fontaine préférée d'Éric ?
   - a. La fontaine des Neuf-Canons. ☐
   - b. La fontaine de La Rotonde. ☐
   - c. La fontaine du Roi René. ☐

4. Qu'est-ce qu'il y a en haut de la fontaine ?
   ....

5. Qu'est-ce que Sandra pense du cours Mirabeau ?
   - a. Il est emblématique de la ville. ☐
   - a. C'est très convivial. ☐
   - a. C'est agréable. ☐

6. Qu'est-ce qu'Éric faisait dans le parc Cézanne quand il était enfant ?
   - a. Il faisait du vélo. ☐
   - b. Il jouait au foot. ☐
   - c. Il courait. ☐

Exercice 2 🎧 12

1. En quelle année l'OIF a été créée ?
   ....

2. Selon le document, il y a combien de francophones dans le monde ? ....

3. Quelle valeur est défendue par l'OIF ?
   - a. La tolérance. ☐
   - b. La liberté. ☐
   - c. Le courage. ☐

4. Dans quelle ville se trouve la Grand-Place ?
   ....

5. Qui sera présent pendant les festivités ?
   - a. Le consul français. ☐
   - b. L'ambassadeur de France. ☐
   - c. Le président français. ☐

6. Quel héros de bande dessinée sera à l'honneur ?
   - a. Astérix. ☐
   - b. Spirou. ☐
   - c. Tintin. ☐

Exercice 3 🎧 13

1. Quand elle était enfant, Jade habitait :
   - a. chez ses grands-parents. ☐
   - b. avec ses parents et son grand frère. ☐
   - c. près de chez ses grands-parents. ☐

2. Qu'est-ce qui a surpris Jade quand elle est arrivée en France ?
   - a. L'accent des Français. ☐
   - b. Le climat de la France. ☐
   - c. Les monuments français. ☐

3. Pourquoi Jade a des difficultés au lycée ?
   - a. Parce qu'elle est devenue célèbre. ☐
   - b. Parce qu'elle ne comprend pas le système scolaire français. ☐
   - c. Parce que sa langue maternelle n'est pas le français. ☐

4. Quelle valeur elle défend dans ses chansons ?
   ....

Compréhension des écrits
Exercice 4

Vous êtes en vacances en France. Aujourd'hui, vous voulez visiter un monument historique français.
- Vous voulez dépenser 15 euros maximum.
- Vous vous déplacez à pied, en métro ou en bus.
- Nous sommes lundi et il est 10 h du matin.

CHATEAU DE CHATENAY

Promenez-vous dans le plus beau jardin de France et visitez un monument emblématique de l'histoire française !

Entrée : 10 euros - parking gratuit
Horaires : de 9 h à 17 h du mardi au dimanche

Pour nous rejoindre et découvrir nos jardins en toute saison, prenez la route 54 : nous sommes à 25 km de Paris seulement !

CATHEDRALE NOTRE-DAME DE PARIS

Le monument le plus visité de la capitale vous accueille tous les jours de 8 h à 19 h. L'entrée est libre et gratuite, mais aucun bagage n'est autorisé.

Visite guidée sur demande.

Accessible aux handicapés.

Accès : métro, stations Cité ou Hôtel de Ville.

TOUR MONTPARNASSE

La tour Montparnasse située en plein de cœur de Paris vous offre une vue unique et spectaculaire. Appréciez toute la beauté de la ville tous les jours de 11 h à 22 h.
Attention : dernière montée 30 minutes avant la fermeture !

Tarifs :
– plus de 12 ans : 17 euros
– moins de 12 ans : 15 euros
– moins de 6 ans : gratuit

Station de métro : Montparnasse (lignes 4, 6, 12 et 13)

CLUB *LE FLORE*

Découvrez le nouveau club du quartier le plus touristique de Paris, juste à côté de la Sorbonne et de la fontaine Saint-Michel.

Musique électro, salsa, hip-hop, rock... notre DJ vous fera danser toute la nuit !

Ouverture : le weekend, de 21 h à 2 h. Tenue correcte exigée
Entrée : 13 euros
Accès : Métro Saint-Michel ou bus 21

---

1. Dans le tableau, indiquez par une croix si le critère (☒) est respecté ou non.

	Château de Chatenay		Cathédrale Notre-Dame de Paris		Tour Montparnasse		Club *Le Flore*	
	Oui	Non	Oui	Non	Oui	Non	Oui	Non
Monument historique								
Transports en commun								
Jour								
Horaires								
Prix								

2. D'après les résultats, quel lieu choisissez-vous ? ....

Unité 1

Production écrite

Exercice 5
Quel est votre endroit favori dans votre ville ou votre région ? Présentez-le en quelques mots et racontez le souvenir d'un moment passé dans ce lieu.

....
....
....
....
....
....
....

Production orale

L'épreuve se déroule en trois parties qui s'enchaînent. Elle dure entre 10 et 15 minutes. Pour la 3ᵉ partie, vous disposez de 10 minutes de préparation. Cette préparation a lieu avant le déroulement de l'ensemble de l'épreuve.

Exercice 6
Exercice en interaction
Vous jouez le rôle qui vous est indiqué sur le document que vous avez choisi parmi les deux tirés au sort.

Sujet 1
Vous souhaitez organiser une fête dans votre lycée en l'honneur de la journée de la francophonie. Le directeur de votre lycée n'est pas d'accord. Vous lui expliquez pourquoi cette journée peut être intéressante pour les élèves du lycée.

Sujet 2
Un ami français passe la semaine dans votre famille. Vous voulez lui présenter les monuments historiques de votre ville, mais il n'en a pas envie. Vous lui expliquez pourquoi cette visite peut être intéressante.

Exercice 7
Expression d'un point de vue
Vous dégagez le thème soulevé par le document et vous présentez votre opinion sous la forme d'un exposé personnel de 3 minutes environ. L'examinateur pourra vous poser quelques questions

Sujet — *Être adolescent et vivre à l'étranger*
Changer de pays et s'installer à l'étranger avec sa famille a des avantages et des inconvénients. Beaucoup de gens pensent que quand on va vivre à l'étranger, c'est une chance pour les enfants : grâce à cette expérience, ils découvrent une autre culture et ils ont plus confiance en eux. Mais tout laisser derrière soir, surtout ses amis, et quitter son pays, sa ville et son quartier, ce n'est pas toujours facile quand on est un adolescent ! Il faut donc trouver un nouveau groupe d'amis, parfois apprendre une nouvelle langue et s'adapter à un système scolaire complètement différent ! Les conséquences de ces changements sont parfois très négatives sur les plus jeunes.

Unité 2

AU NOM DE LA LOI

- Leçon 1 .... p. 24-25
- Leçon 2 .... p. 26-27
- Leçon 3 .... p. 28-29
- Leçon 4 .... p. 30-31
- Grammaire .... p. 32-33
- Phonétique .... p. 34
- Lexique p.35
- Apprendre à apprendre .... p. 36
- Portfolio .... p. 37
- Entraînement au DELF B1 .... p. 38-40

Unité 2 — 1. Renseignons-nous sur nos droits

Compréhension de l'oral 🎧 14

1 Répondez aux questions.
  a. En quelle année la France a signé la Convention des droits de l'enfant ? ....
  b. Dans quel document on peut trouver les règles à respecter ? ....

2 Cochez la bonne réponse.
  a. Qu'est-ce qu'Inès représente ?
   1. Le conseil des lycéens. ☐
   2. L'association des lycéens. ☐
   3. Le club des lycéens. ☐
  b. Pour Inès, qu'est-ce qui est important quand on est lycéen ?
   1. D'avoir des projets. ☐
   2. De se sentir écouté. ☐
   3. De se sentir libre. ☐
  c. Que peuvent faire les lycéens dans le lycée ?
   1. Créer un espace commercial. ☐
   2. Créer un parti politique. ☐
   3. Créer une association. ☐
  d. Quand des lycéens veulent se réunir, ils ont besoin :
   1. de l'autorisation du directeur. ☐
   2. de la présence d'adultes. ☐
   3. de l'accord de leurs professeurs. ☐

Lexique

3 Retrouvez dans la grille 6 mots de la leçon. Les mots sont cachés horizontalement, de gauche à droite (→).

R	Y	E	M	I	H	O	N	T	I	G	X	X	U
H	J	X	Z	R	C	Y	N	I	E	Q	V	M	E
O	I	U	X	A	W	U	U	D	R	O	Y	D	E
O	B	L	I	G	A	T	O	I	R	E	U	S	H
A	I	E	N	N	Y	M	L	O	I	I	B	P	E
W	O	W	G	E	H	K	K	R	S	K	L	K	X
I	D	I	O	F	Y	L	I	B	E	R	T	E	P
C	R	I	M	E	M	T	A	I	G	Y	Y	O	W
G	U	T	E	X	F	D	R	O	I	T	V	M	B
E	E	Y	U	Y	C	G	S	W	U	H	I	B	D
R	E	S	P	E	C	T	Z	Q	B	E	H	U	C
Z	X	G	I	A	O	K	P	S	K	C	Q	A	W
A	E	I	O	A	T	V	F	K	A	A	X	O	W
M	E	X	T	E	T	N	U	G	P	N	O	U	B

4 Complétez avec les mots de la liste.
diffamation – condamne – limites – apologie – appeler

En France, on est libre d'exprimer son opinion. Mais attention : la loi fixe des .... ! Par exemple, la .... est interdite : on ne peut pas insulter ou diffuser des informations fausses sur une personne. De plus, on n'a pas le droit d'.................... à la violence ou à la haine. La loi française .... aussi les personnes qui font l'.................... du terrorisme.

Grammaire

5 Accordez les participes passés quand cela est nécessaire.
a. Mme Payet a accusé............. Mme Boyer de vol.
b. Maria et Bruno ont eu............. des problèmes avec leurs voisins.
c. Lucia a été condamné............. pour diffamation.
d. Les criminels se sont vengé.............
e. L'adolescente a présenté............. des excuses aux gens qu'elle a insulté.............

Compréhension des écrits

6 Lisez le texte et répondez aux questions.

LES DROITS DES FEMMES EN FRANCE

Aujourd'hui, en France, les femmes peuvent étudier et travailler, mais cela n'a pas toujours été le cas. Les filles et les garçons étudiaient dans des établissements différents jusqu'en 1968, et beaucoup de filles n'allaient pas à l'école et ne faisaient pas d'études. On pensait que cela n'était pas intéressant pour elles, parce qu'elles ne travaillaient pas et restaient à la maison. En effet, les hommes travaillaient pendant que les femmes s'occupaient de la maison et des enfants. En 1965, les choses ont changé : les femmes ont eu le droit de travailler et n'ont plus eu besoin de demander l'accord de leur mari pour cela. C'était une vraie révolution parce que les hommes n'étaient plus les chefs de famille ! Aujourd'hui, la situation des femmes est différente : elles peuvent exercer les mêmes professions que les hommes. Depuis une loi de 2006, l'égalité des salaires entre les hommes et les femmes dans les entreprises françaises est obligatoire.

D'après 1jour1actu.com, « *Qu'est-ce qui a changé pour les femmes ?* », 8 mars 2013.

a. Vrai ou faux ? Cochez la bonne réponse.

	Vrai	Faux
1. Les filles ont eu le droit d'aller à l'école en 1968.	☐	☐
2. Les filles n'allaient pas dans la même école que les garçons avant 1968.	☐	☐
3. Les filles ne s'intéressaient pas aux études jusqu'en 1968.	☐	☐
4. Les hommes étaient les chefs de famille jusqu'en 1965.	☐	☐

b. Quel droit les femmes ont obtenu en 1965 ?
1. Le droit de travailler avec leur mari. ☐
2. Le droit de faire le même travail que les hommes. ☐
3. Le droit de travailler sans l'accord de leur mari. ☐

c. La loi de 2006 dit que les femmes doivent :
1. être payées autant que les hommes. ☐
2. travailler autant que les hommes. ☐
3. travailler dans les mêmes entreprises que les hommes. ☐

Production écrite

7 Quels sont vos droits de lycéen ? Et qu'est-ce que vous n'avez pas le droit de faire ? Pourquoi ? (80 mots environ.)

Unité 2 – « Au nom de la loi »

Unité 2 — 2. Utilisons les réseaux sociaux

Compréhension de l'oral 🎧 15

1 **Répondez aux questions.**
a. Quelle est la nationalité de Jérôme Jarre ? ....
b. Quelle somme il a obtenue pour aider la Somalie ? ....

2 **Cochez la bonne réponse.**
a. Comment Jérôme Jarre est devenu célèbre ?
   1. Grâce à ses chansons sur YouTube. ☐
   2. Grâce à des vidéos amusantes. ☐
   3. Grâce à ses reportages à l'étranger. ☐
b. Quelle situation a fait réagir Jérôme Jarre ?
   1. La faim. ☐
   2. La pauvreté. ☐
   3. Une épidémie. ☐
c. Qu'est-ce qu'il veut faire ?
   1. Amuser les gens. ☐
   2. Tourner un film en Somalie. ☐
   3. Montrer ses actions. ☐

Lexique

3 **Remettez les lettres dans l'ordre pour retrouver les mots de la leçon.**
a. E C A S U : ....
b. F É D E R E N D : ....
c. M A B O C T : ....
d. A R O G U E C U X : ....
e. C O T A N I : ....
f. E M A N E G G N E T : ....

Grammaire

4 **Complétez les phrases. Aidez-vous de l'exemple.**

Exemple : **Amina vient d'Algérie** → *Oui, elle a dit qu'****elle venait d'Algérie.***

a. Julia a fait des vidéos au Portugal ?
   → Oui, elle a dit qu' ....
b. Ces avocats défendent les droits des enfants ?
   → Oui, ils ont dit qu' ....
c. Kevin ira bientôt en Turquie ?
   → Oui, il a dit qu' ....
d. Les Hauts Parleurs sont des reporters ?
   → Oui, ils ont dit qu' ....
e. Gabriella s'est engagée pour les jeunes de son pays ?
   → Oui, elle a dit qu' ....

Compréhension des écrits

5 Lisez le texte suivant et répondez aux questions.

Qui est « Hugo Décrypte » ?

Hugo est un étudiant en sciences politiques de 19 ans. Il a créé sa chaîne, « HugoDécrypte », sur YouTube il y a un an. Il propose un « média citoyen » avec des vidéos qui permettent aux jeunes d'agir et de participer à la vie démocratique de leur pays.
Sa méthode ? Il explique différents sujets (la politique française, l'actualité internationale...) de façon simple et claire sur les réseaux sociaux. *« Les jeunes ne connaissent pas toujours bien leurs droits et la politique de leur pays. Ils ont besoin d'être plus informés pour être de bons citoyens »*, affirme le jeune homme. Pendant environ trente minutes, Hugo présente des événements politiques, mais ne donne pas son opinion personnelle.

Dans ses vidéos, Hugo parle aussi de causes importantes pour lui : les droits de l'homme, la liberté d'expression, la protection de l'environnement... Ensuite, il répond aux questions de ses 200 000 abonnés grâce à Snapchat.

Son modèle, c'est le journaliste Martin Weill, qui *« parle de sujets internationaux en seulement cinq minutes et qui intéresse les jeunes. »* C'est aussi l'objectif d'Hugo, qui a envie de devenir journaliste plus tard !

D'après Les Inrockuptibles, « Hugo Travers, le Pujadas du Net », 1er novembre 2016.

a. Qu'est-ce qu'Hugo étudie ?
  1. Les sciences politiques. ☐
  2. Le journalisme. ☐
  3. Le droit. ☐

b. De quoi il parle dans « Hugo Décrypte » ?
  1. Des réseaux sociaux. ☐
  2. De ses opinions politiques. ☐
  3. De l'actualité et de la société. ☐

c. Pourquoi il a créé « Hugo Décrypte » ?
  1. Parce que les jeunes s'intéressent beaucoup à la politique. ☐
  2. Parce que les jeunes ont besoin de connaître la politique. ☐
  3. Parce que plus tard Hugo veut devenir homme politique. ☐

d. Après les vidéos, Hugo :
  1. répond aux questions des gens. ☐
  2. discute avec ses amis sur Snapchat. ☐
  3. rencontre ses abonnés. ☐

Production écrite

6 Selon vous, est-ce que parler et défendre des droits grâce aux réseaux sociaux est une bonne idée ? Pourquoi ? Quel autre moyen vous connaissez pour parler des droits aux jeunes ? (80 mots environ.)

Unité 2 — 3. Les droits, parlons-en !

Compréhension de l'oral 🎧 16

1 Répondez aux questions.
a. Sonia se bat pour quelle cause ? ....
b. Quand Sonia a créé son association ? ....

2 Cochez la bonne réponse.
a. Pourquoi Sonia est en colère ?
   1. Parce que des corridas ont été annulées. ☐
   2. Parce que des corridas sont organisées dans sa ville. ☐
   3. Parce qu'il y a des corridas dans le sud de la France. ☐
b. D'après le journaliste, que pensent beaucoup de gens des corridas ?
   1. Que c'est une tradition en France. ☐
   2. Que c'est un spectacle cruel. ☐
   3. Que c'est un beau spectacle. ☐
c. Qu'est-ce que Sonia espère ?
   1. Que les lois en France vont changer. ☐
   2. Que les droits des animaux seront respectés. ☐
   3. Que les gens vont se révolter. ☐

Lexique

3 Retrouvez les mots en vous aidant des lettres et des définitions.
a. E __ __ O __ __ : confiance en l'avenir
b. I __ __ __ I __ __ __ __ __ R : inspirateur, responsable
c. R __ __ O __ __ __ : action violente contre l'autorité
d. C __ __ __ __ __ __ E : action de communication pour défendre une opinion
e. I __ D __ __ __ __ D __ __ __ __ : autonomie, liberté

4 Associez les expressions et les synonymes.
a. humanité   1. aider
b. travers   2. défendre, être du côté de
c. soutenir   3. aller régulièrement dans un lieu
d. donner un coup de main   4. comportement des humains
e. fréquenter   5. défaut

Grammaire

5 Répondez aux questions en remplaçant les mots en gras par des pronoms compléments directs. Aidez-vous de l'exemple.
*Exemple : « Malala défend **l'éducation des filles** ? » → Oui, elle **la** défend.*

a. « Est-ce qu'on respecte **les droits de l'homme** dans ce pays ? » → Oui, on ....
b. « Vous connaissez **Malala** ? » → Oui, je ....
c. « Tout le monde a lu **le règlement** ? » → Oui, tout le monde ....
d. « Cette association combat **l'injustice** ? » → Oui, elle ....
e. « Vous soutenez **mes idées** ? » → Oui, nous ....

Compréhension des écrits

6 Lisez le texte

Le droit à la vie privée

Roxane, une lycéenne de 16 ans, a découvert sur YouTube une vidéo où elle apparaît pendant une fête organisée chez ses parents. Elle a compris qu'un ami de sa classe avait filmé avec son téléphone portable sa rue, l'intérieur de son appartement et les personnes présentes à la fête sans son accord. La jeune fille, en colère, a demandé à son ami de supprimer cette vidéo parce qu'il n'a pas respecté sa vie privée. Il a accepté et Roxane n'a finalement pas porté plainte.

En France, tout le monde a le droit à une vie privée : jeunes, vieux, riches, pauvres, personnes connues ou inconnues, etc. C'est un principe de l'article 9 du Code civil français. Les informations qui concernent la santé, la vie familiale, la religion, le domicile ou l'opinion appartiennent toutes à la vie privée. On n'a pas le droit d'exposer ce genre d'informations, des images, des conversations téléphoniques ou des vidéos personnelles sur Internet quand cela concerne une autre personne et quand on n'a pas son accord. Une personne qui ne respecte pas le droit à la vie privée d'une autre risque un an de prison !

D'après eduscol.education.fr, « Respecter la vie privée et le droit à l'image ».

a. Qu'est-ce qui est arrivé à Roxane ?
   1. Un ami de Roxane a mis des photos d'elle sur Internet. ☐
   2. Les parents de Roxane l'ont filmée sans son accord. ☐
   3. On a filmé Roxane sans son accord et on a mis la vidéo sur Internet. ☐

b. D'après le texte, où est inscrit le droit à la vie privée ?
   ....

c. Selon le document, on n'a pas le droit de :
   1. parler de sa vie privée sur Internet. ☐
   2. prendre la photo d'une personne qu'on ne connaît pas. ☐
   3. mettre des images de quelqu'un sans son accord sur Internet. ☐

d. Que risque une personne qui ne respecte pas ce droit ?
   ....

Production écrite

7 Connaissez-vous des situations où certains droits ne sont pas respectés ? Présentez ces situations et proposez des solutions. (80 mots environ.)

....
....
....
....
....
....
....

Unité 2 – « Au nom de la loi »

Unité 2 — 4. Proposons des solutions

Compréhension de l'oral 🎧 17

1 Répondez aux questions.
   a. Nelson Mandela est né en quelle année ? ....
   b. En quelle année a-t-il été envoyé en prison ? ....

2 Cochez la bonne réponse.
   a. D'après le document, quelle profession Nelson Mandela a exercée ?
      1. Médecin. ☐
      2. Avocat. ☐
      3. Professeur. ☐
   b. Qu'est-ce que l'ANC ?
      1. Un parti politique. ☐
      2. Une université. ☐
      3. Une loi. ☐
   c. Nelson Mandela s'est battu pour quoi ?
      1. Pour l'indépendance de son pays. ☐
      2. Pour la fin d'une politique raciste. ☐
      3. Pour l'égalité entre les hommes et les femmes. ☐
   d. Pourquoi il est allé en prison ?
      1. Parce qu'il a tué quelqu'un. ☐
      2. Parce qu'il a menacé le président. ☐
      3. Parce qu'il a attaqué un lieu. ☐

Lexique

3 Complétez avec les mots de la liste.
   conviction – menace – lutter – exil – dénoncer
   a. Ce défenseur des droits de l'homme a reçu une .... de mort.
   b. L'objectif de cette association est de .... la violence.
   c. Tous les hommes sont égaux : c'est notre .... !
   d. Vous devez .... pour vos droits !
   e. Ce journaliste est en danger dans son pays. La seule solution pour lui, c'est l'..........................

Grammaire

4 Remplacez les mots en gras par des pronoms compléments indirects. Aidez-vous de l'exemple.
   *Exemple : « Malala parle au journaliste. → Malala **lui** parle.*
   a. Tatiana répond **à ses fans**.
      → ....
   b. J'ai envoyé un mail **à ce blogueur**.
      → ....
   c. On a interdit **à cette petite fille** d'aller à l'école.
      → ....
   d. Le jury a remis le prix Nobel de la paix **à Malala Yousafzai et Kailash Satyarthi**.
      → ....

5 Complétez avec *pendant, il y a, depuis, dans* et *en*.

a. .... un mois, le conseil des enfants se réunira.
b. Il a fui son pays .... dix ans.
c. Elle a reçu des milliers de mails .... quelques jours !
d. Les victimes sont restées à l'hôpital .... plusieurs semaines.
e. Nous nous battons .... des années contre l'injustice.

Compréhension des écrits

6 Lisez ce portrait.

Portrait de l'abbé Pierre

Il est né en 1912 à Lyon et son vrai nom était Henri Groués. Cet homme de religion français a commencé à lutter contre la pauvreté et pour le droit au logement très jeune. Après la Seconde Guerre mondiale, il a créé la première communauté « Emmaüs » une association qui aide les pauvres.

Pendant l'hiver 1954 en France, des personnes qui vivaient dans la rue sont mortes à cause du froid extrême. L'abbé Pierre a lancé un appel à la radio et a demandé aux habitants et aux hommes politiques d'aider les pauvres. Les gens ont envoyé de la nourriture aux communautés Emmaüs. Trois semaines plus tard, le parlement français a commencé à construire 12 000 logements dans toute la France.

Les Français aimaient beaucoup l'abbé Pierre en raison de son combat contre l'injustice et la pauvreté. Plusieurs années après sa mort, son combat continue grâce aux nombreuses personnes qui travaillent dans les associations qu'il a créées.

D'après Les Petits Citoyens, *« Le combat contre la précarité de l'abbé Pierre continue »,* 30 janvier 2017.

a. Qu'est-ce que l'abbé Pierre défendait ?
   1. Le droit d'avoir un logement. ☐
   2. La liberté d'expression. ☐
   3. Le droit à la vie privée. ☐
b. Qu'est-ce qu'Emmaüs ?
   ....
c. L'abbé Pierre a lancé un appel à la radio en 1954 à cause de quoi ?
   ....

d. Selon le texte, comment les responsables politiques ont réagi ?
   1. Ils ont distribué de la nourriture. ☐
   2. Ils ont fait construire des habitations. ☐
   3. Ils ont ouvert des hôpitaux. ☐
e. Depuis la mort de l'abbé Pierre, qu'est-ce qui se passe ?
   1. Son combat continue. ☐
   2. Les associations qu'il a créées ont fermé. ☐
   3. Emmaüs n'existe plus. ☐

Production écrite

7 Pourquoi les valeurs de démocratie et de solidarité sont importantes ? Pensez-vous que les jeunes sont plus solidaires qu'avant envers les personnes démunies ? (80 mots environ.)

Unité 2 — Grammaire

1. Accordez les participes passés quand cela est nécessaire.
   a. Des hommes armés ont menacé............ cette jeune femme mais elle n'a pas eu............ peur.
   b. Nous avons écouté............ la longue histoire qu'il a raconté............
   c. Les nouvelles vidéos de Tatiana ont été sponsorisé............ par de grandes marques que cette jeune blogueuse a toujours aimé............
   d. Quand elle a reçu............ le prix Nobel, Malala s'est exprimé............ devant les caméras en anglais.

2. Conjuguez au plus-que-parfait.
   a. Tu .... (accuser) le boulanger sans preuve.
   b. Le client était furieux parce que son garagiste l' .... (voler).
   c. Les gens .... (dire) des choses horribles sur lui ! C'était de la diffamation !
   d. Vous .... (avoir) des problèmes avec le maire du village à cette époque.
   e. Je ne savais pas que ces personnes .... (faire) l'apologie du terrorisme.

3. Conjuguez au temps demandé. Faites bien les accords quand il faut.
   a. On .... (condamner, passé composé) le garagiste qui .... (réparer, plus-que-parfait) la voiture de Mme Laporte.
   b. L'ONU .... (approuver, passé composé) la déclaration que plusieurs pays .... (rédiger, plus-que-parfait).
   c. Capucine .... (découvrir, passé composé) que des gens l' .... (injurier, plus-que-parfait) sur Internet.
   d. Nous .... (apprendre, passé composé) qu'Instagram .... (s'engager, plus-que-parfait) pour la protection des animaux.

4. Complétez les phrases. Utilisez le discours indirect.

> Salut Julie,
> J'ai découvert le combat des Hauts-Parleurs sur Youtube. C'est vraiment intéressant ! Il faut regarder les vidéos d'Amina. Cette reporter a fait du très bon travail ! Je lui enverrai un mail pour la féliciter !
> Bisous !
> Héléna

   a. Héléna a dit qu'elle ....
   b. Héléna a ajouté que ....
   c. Héléna a dit ....
   d. Héléna a affirmé que ....
   e. Héléna a dit qu' ....

5 Complétez avec *le, la, l', les, lui, leur* :
a. J'aime beaucoup ces vidéos ! Je .... ai vues la semaine dernière.
b. C'est un droit important mais certains ne .... respectent pas.
c. Un journaliste a rencontré le chanteur Corneille qui .... a raconté son enfance.
d. Éric connaît cette pièce de théâtre : il .... a étudiée en classe.
e. Il faut respecter les animaux et .... donner plus de droits !
f. La déclaration universelle des droits de l'homme ? Tout le monde .... connaît !

6 Complétez avec le bon pronom personnel.
a. Vous préparez une nouvelle campagne ? Je .... donne un coup de main !
b. Quand nous travaillons pour elle, l'association doit .... rémunérer !
c. La justice .... condamnera car vous avez appelé à la violence.
d. Gandhi a été un modèle pour ces gens, il .... a montré la voie.
e. Je n'ai menacé personne, cette calomnie .... blesse !

7 Remettez les phrases dans l'ordre.
a. parlé / Vous / combat. / leur / votre / avez / de
→ ....
b. francophones / les / défendus. / Les / ont / youtubeurs
→ ....
c. ressemblons / ne / Nous / pas. / Leur
→ ....
d. son / On / opinion. / a / lui / d' / interdit / exprimer
→ ....
e. monde / les / l' / signé. / Tous / pays / ont / du
→ ....

8 Associez les débuts et les fins de phrases.
a. Depuis deux ans,
b. Il y a soixante-dix ans,
c. Pendant toute sa vie,
d. Dans quelques années,
e. En quelques heures,

1. ils seront punis.
2. ce militant s'est battu pour ses droits.
3. les internautes ont appris l'information.
4. ces blogueurs donnent la parole aux jeunes.
5. les pays du monde ont écrit cette déclaration.

9 Continuez les phrases librement.
a. Ce militant a dit que ....
b. La porte parole d'Instagram a annoncé que ....
c. Les Hauts-Parleurs ont demandé aux internautes de ....
d. Le maire du village a déclaré que ....
e. La blogueuse a raconté que ....

Unité 2 — Phonétique

Le son [e] et [ə]

1 Écoutez. Vous entendez le son [e] ou le son [ə] ? Cochez la bonne case. 🎧18

	[e]	[ə]
a.	☐	☐
b.	☐	☐
c.	☐	☐
d.	☐	☐
e.	☐	☐
f.	☐	☐

2 Lisez puis écoutez les phrases suivantes. Soulignez le son [e]. 🎧19
a. Ils ont mené un combat pour la démocratie.
b. Vous m'avez beaucoup blessé !
c. Nous devons fixer des limites.
d. Les jeunes n'ont pas assez de liberté !
e. Vous connaissez la déclaration des droits de l'homme ?

3 Vous avez entendu quel mot ? Cochez la bonne réponse. 🎧20
a. me ☐   mes ☐
b. ne ☐   né ☐
c. haineux ☐   aîné ☐
d. le thé ☐   l'été ☐
e. radieux ☐   radié ☐
f. aveu ☐   avez ☐

4 Écoutez et répétez. Combien de fois on entend le son [ə] ? 🎧21
a. .... fois
b. .... fois
c. .... fois
d. .... fois
e. .... fois
f. .... fois

5 Lequel de ces mots contient le son [ə] ? Entourez-le. 🎧22
a. révolte   d. faisait
b. lutte   e. blessait
c. vengeait   f. accusait

6 Écoutez et écrivez les phrases. 🎧23
a. La jeunesse veut défendre ses droits.
b. Elle est recherchée depuis deux semaines.
c. Vous avez refusé de les dénoncer.
d. Il est heureux malgré l'exil et les menaces.

Lexique

1. Remettez les lettres dans l'ordre pour retrouver les mots de l'unité.
a. T I D O R : ....
b. M I T E L I S : ....
c. R É B I L E T : ....
d. E P A L I O G O : ....
e. F I M O D A F I N A T : ....

2. Complétez les phrases avec les mots de la liste.

crime – obligatoire – calomnie – loi – respecter

a. En France, l'école est .... jusqu'à l'âge de seize ans.
b. La .... punit l'appel à la violence.
c. Ces personnes ont été accusées de .... de guerre.
d. Vous devez .... ma vie privée !
e. Ils ont accusé le boulanger sans preuve ! C'est de la .... !

3. Complétez la grille de mots croisés avec le lexique de l'unité. Aidez-vous des définitions

Horizontal
4. Faire mal ou faire de la peine à quelqu'un.
5. Abandonner, dire qu'on a perdu.

Vertical
1. Dire que quelqu'un est coupable d'un crime.
2. Se battre pour une opinion, des idées.
3. Inspirer un sentiment.

4. Retrouvez les verbes et les expressions en vous aidant des définitions et des lettres données.

a. S'_ _ _ _ _ S _ _ : être contre une idée, des actions ou une personne.
b. S_ _ E _ _ E _ : punir une personne qui vous a fait du mal.
c. A_O_ _ _ _O_ _ E : se sentir très gêné ; le contraire d'être fier.
d. A_ _ E _ E _ À _ A _ A _ _ E : inciter les gens à rejeter les autres.
e. M O _ _ _ _ E _ _ _ _ O _ E : être un modèle, un exemple pour les autres

5. Complétez le texte avec les mots de la liste.

soutien – campagne – ton libre – espoir – indépendance

Un militant courageux

Depuis l'.. de son pays, ce militant mène une .... contre la violence envers les femmes et les enfants. Beaucoup d'internautes apprécient le .... de son site et l'encouragent. « Grâce à leur.........................., je continue à avoir de l'.......................... ! »

Unité 2 – « Au nom de la loi »

Unité 2 — Apprendre à apprendre

Les temps dans le discours rapporté

1. Je distingue le discours direct et le discours indirect.

Les phrases sont au discours direct ou indirect ? Cochez la bonne réponse.

	Discours direct	Discours indirect
a. Il me dit qu'il est reporter.	☐	☐
b. Le policier a déclaré : « Il est interdit de se garer ici. »	☐	☐
c. Axel a expliqué que nous n'avions pas respecté sa vie privée.	☐	☐
d. Le journaliste a affirmé : « Malala Yousafzai a eu le prix Nobel. »	☐	☐
e. Le grand JD a dit qu'il ferait une vidéo sur Bruxelles.	☐	☐

2. Je passe au discours indirect avec le verbe « dire » présent.

Mettez les phrases suivantes au discours indirect. Aidez-vous de l'exemple.

*Exemple : Victor **dit** : « Le boulanger a mis de la colle dans les sandwiches. »*
→ *Victor **dit** que le boulanger a mis de la colle dans les sandwiches.*

a. Peter dit : « Les droits de l'homme m'intéressent. » → ....
b. M. Durand affirme : « Le boulanger ira en prison. » → ....
c. Sabrine annonce : « J'ai réalisé de nouvelles vidéos. » → ....
d. Le professeur explique : « La loi française punit la diffamation. » → ....
e. Le militant déclare : « Je me battrai pour la liberté ! » → ....

3. J'identifie le temps utilisé dans le discours direct ou indirect quand le verbe « dire » est au passé.

Quel est le temps utilisé au discours direct ? Au discours indirect ?

a. Marguerite Barankitse a dit : « On m'a menacée de mort. » → Marguerite Barankitse a dit qu'on l'avait menacée de mort.
Discours direct : .... Discours indirect : ....

b. Les enfants ont rappelé : « Nous avons des droits. » → Les enfants ont rappelé qu'ils avaient des droits.
Discours direct : .... Discours indirect : ....

c. Capucine a dit : « Je me vengerai ! » → Capucine a dit qu'elle se vengerait.
Discours direct : .... Discours indirect : ....

d. Mme Laporte a affirmé : « On m'a accusée sans preuve ! » → Mme Laporte a affirmé qu'on l'avait accusée sans preuve.
Discours direct : .... Discours indirect : ....

4. Je rapporte des paroles au discours indirect passé et je respecte la concordance des temps.

Mettez les phrases suivantes au discours indirect. Aidez-vous de l'exercice précédent.

a. Agnès a dit : « On a la liberté d'expression en France. »
→ Agnès a dit que ....

b. La blogueuse a expliqué : « Je n'ai pas été payée par de grandes marques. »
→ La blogueuse a expliqué que ....

c. Les jeunes reporters ont affirmé : « Nous nous réunirons bientôt ! »
→ Les jeunes reporters ont affirmé que ....

d. Caroline a raconté : « J'ai rencontré des jeunes très courageux ! »
→ Caroline a raconté que ....

e. Le ministre de la Santé a déclaré : « L'État ne remboursera pas les lunettes à 100 %. »
→ Le ministre de la Santé a déclaré que ....

Portfolio

	Oui	Pas complètement	Pas encore
Langue			
Je peux rapporter les paroles de quelqu'un.			
Je peux exprimer la durée ou le temps de réalisation d'une action.			
Grammaire			
Je sais accorder les participes passés.			
Je sais conjuguer au plus-que-parfait.			
Je peux utiliser le discours indirect.			
Je peux utiliser les pronoms compléments directs et indirects.			
Je peux utiliser les marqueurs temporels.			
Lexique			
Je connais du lexique relatif aux droits.			
Je connais du lexique relatif à la liberté d'expression.			
Je connais bien le lexique relatif à la défense de ses opinions.			
Je connais du lexique du théâtre.			
Phonétique			
J'arrive à identifier les sons [e] et [ə].			
Je prononce correctement [e] et [ə].			
Civilisation			
Je connais la Déclaration universelle des droits de l'homme.			
Je connais des célébrités des réseaux sociaux.			
Je connais des pièces de théâtre originales.			
Je connais des militants des droits de l'homme.			
Je connais des interdictions dans des différents pays.			

Unité 2 — Entraînement au DELF B1

Compréhension de l'oral

Vous allez entendre trois documents sonores, correspondant à trois exercices.
Pour le premier et le deuxième document, vous aurez :

- *30 secondes pour lire les questions ;*
- *une première écoute, puis 30 secondes de pause pour commencer à répondre aux questions*
- *une seconde écoute, puis 1 minute de pause pour compléter vos réponses.*

Exercice 1 🎧24

a. Quelle somme on reçoit quand on gagne le prix Nobel de la paix ? ....

b. On donne le prix Nobel de la paix :
   1. tous les ans. ☐
   2. tous les deux ans. ☐
   3. tous les cinq ans. ☐

c. Quel âge avait mère Teresa quand elle a eu le prix Nobel de la paix ? ....

d. Quelle était l'action de mère Teresa ?
   1. Elle se battait pour l'éducation des filles. ☐
   2. Elle défendait les droits des enfants. ☐
   3. Elle aidait les gens pauvres. ☐

e. L'ICAN a eu le prix Nobel pour :
   1. sa campagne contre les armes nucléaires. ☐
   2. son combat en faveur des droits de l'homme. ☐
   3. sa lutte contre les crimes de guerre. ☐

Exercice 2 🎧25

a. Quel document contient les conditions d'utilisation d'Internet dans une entreprise ? ....

b. Je veux envoyer un message personnel avec mon ordinateur professionnel. Qu'est-ce que je dois faire ?
   1. Utiliser une messagerie spéciale. ☐
   2. Envoyer mon message pendant la pause-déjeuner. ☐
   3. Indiquer que c'est un message personnel. ☐

c. Combien de temps les Français passent sur Internet pour un usage personnel au travail chaque jour ? ....

d. D'après le document, que fait la Commission nationale de l'informatique et des libertés ?
   1. Elle protège les droits informatiques des salariés. ☐
   2. Elle contrôle les mails que les salariés consultent. ☐
   3. Elle limite l'utilisation des réseaux sociaux en entreprise. ☐

Exercice 3 🎧26

a. Quand l'UNICEF organise sa grande enquête en France ? ....

b. Vrai ou faux ? Cochez la bonne réponse

	Vrai	Faux
1. Les enfants ne vont pas tous à l'école en France.	☐	☐
2. L'école est gratuite en France.	☐	☐
3. L'accès aux soins est cher en France.	☐	☐

c. Il y avait combien d'enfants dans le camp de Calais ? ....

d. D'après le document, quelle était la situation dans le camp de Calais ?
   1. Certains jeunes étaient seuls. ☐
   2. Les gens n'avaient pas de nourriture. ☐
   3. Beaucoup de personnes étaient malades. ☐

e. Quelle action mène UNICEF quand les droits des enfants sont menacés ?
   1. Elle crée un conseil pour discuter des droits des enfants. ☐
   2. Elle va visiter des écoles avec des ministres. ☐
   3. Elle cherche des solutions avec les hommes politiques. ☐

Compréhension des écrits

Lisez les textes puis répondez aux questions en cochant (☒) la bonne réponse, ou en écrivant l'information demandée.

Exercice 4

LYCÉENS : QUE FAIRE EN CAS DE NON-RESPECT DE VOS DROITS ?

Un professeur met des punitions à toute la classe ? Un chef d'établissement refuse une réunion de délégués élèves ? Vous pouvez réagir !

La première étape est de vérifier vos droits dans le règlement intérieur de votre lycée. C'est un document important : il contient l'ensemble des droits et des obligations de toute la communauté scolaire, c'est-à-dire les professeurs, les lycéens, les parents d'élève…

Vous l'avez lu et vous êtes sûr qu'on ne respecte pas vos droits de lycéen ? Alors, allez voir le responsable et expliquez-lui le problème avec calme. Essayez de trouver une solution ensemble. Vous pouvez également lui écrire une lettre officielle ou un mail.

Vous pouvez aussi contacter les représentants des élèves, les associations des parents d'élèves et le conseil d'administration. Enfin, des avocats accueillent et conseillent gratuitement les gens dans des « *points d'accès aux droits* ». Ce sont des centres d'informations dans les grandes villes de France.

D'après droitsdeslyceens.com.

1. Dans quel document peut-on trouver les droits et les obligations de la communauté scolaire ?
   ....

2. D'après le texte, qu'est-ce qu'un lycéen peut faire quand ses droits ne sont pas respectés ?
   a. Appeler un avocat. ☐
   b. Envoyer un message sur les réseaux sociaux. ☐
   c. Discuter avec la personne responsable. ☐

3. Quand un lycéen ne trouve pas de solution, qui peut-il contacter ?
   a. Des personnes de sa famille. ☐
   b. Le conseil d'administration. ☐
   c. Tous les élèves du lycée. ☐

4. Vous avez besoin des conseils d'un avocat, vous pouvez aller où ?
   ....

Exercice 5

NASRIN SOTOUDEH CONTRE L'INJUSTICE

Nasrin Sotoudeh est une célèbre avocate iranienne qui défend les droits de l'homme. Elle a reçu de nombreuses distinctions dans le domaine des droits de l'homme, par exemple le Prix Sakharov pour la liberté de l'esprit en 2012. C'est une récompense décernée par le Parlement européen à des personnes ou des groupes qui luttent contre l'injustice.

Nasrin Sotoudeh participe à des campagnes pour l'égalité des droits des femmes et elle défend de prisonniers politiques. Elle défend aussi d'autres avocats. Pour beaucoup d'Iraniens, Nasrin Sotoudeh est une héroïne nationale.

En janvier 2011, elle est condamnée et emprisonnée parce qu'elle défend les droits de l'homme et qu'elle dénonce le système iranien. Quand Nasrin Sotoudeh sort de prison en 2013, elle est malade et fatiguée, mais elle reprend tout de suite son combat pour le respect des droits de l'homme dans son pays. Aujourd'hui, l'avocate continue à s'opposer aux personnes qui ne respectent pas les droits de l'homme et demande plus de justice en Iran.

D'après fidh.org.

a. Qu'est-ce que le prix Sakharov ?
   1. Un trophée donné aux hommes politiques. ☐
   2. Une récompense décernée aux meilleurs avocats. ☐
   3. Un prix remis aux opposants à l'injustice. ☐

b. Qu'est-ce qui est arrivé à Nasrin Sotoudeh en 2011 ?
   1. On l'a mise en prison. ☐
   2. Elle a dû s'exiler. ☐
   3. On l'a menacée de mort. ☐

c. Cochez la bonne réponse.

	Vrai	Faux
1. Elle n'est plus avocate parce qu'elle est malade.	☐	☐
2. Elle continue à défendre les droits de l'homme.	☐	☐
3. Elle combat l'injustice mais n'exprime pas son opinion.	☐	☐

Unité 2

Production écrite

Exercice 6
Présentez une situation où une personne a dû se battre pour faire respecter des droits de l'homme. La situation peut être inventée. (80 mots minimum.)

Production orale

L'épreuve se déroule en trois parties qui s'enchaînent. Elle dure entre 10 et 15 minutes. Pour la 3e partie, vous disposez de 10 minutes de préparation. Cette préparation a lieu avant le déroulement de l'ensemble de l'épreuve.

Exercice 7
Exercice en interaction
Vous jouez le rôle qui vous est indiqué sur le document que vous avez choisi parmi les deux tirés au sort.

Sujet 1
Vous êtes dans un lycée en France. Certains élèves de votre classe n'ont pas travaillé et le professeur a décidé de punir toute la classe. Vous trouvez sa décision injuste. Vous discutez avec lui et vous essayez de trouver une solution.

Sujet 2
Vous êtes chez un ami français. Vous vous intéressez aux droits de l'homme. Vous proposez à votre ami de regarder les vidéos des Hauts-Parleurs. Vous lui expliquez pourquoi cela peut être intéressant.

Exercice 8
Expression d'un point de vue
Vous dégagez le thème soulevé par le document et vous présentez votre opinion sous la forme d'un exposé personnel de 3 minutes environ. L'examinateur pourra vous poser quelques questions.

Sujet — *Les limites de la vidéosurveillance : le droit à l'image et à la vie privée*
Les gens placent de plus en plus souvent des caméras de vidéosurveillance chez eux. L'objectif est évidemment de filmer les voleurs en cas de cambriolage. Les vidéos de personnes en train de voler sont donc de plus en plus nombreuses sur les réseaux sociaux. Mais il y a des règles à respecter ! Par exemple, tout le monde a un droit d'accès aux images qui le concernent et ces images ne peuvent pas être conservées plus d'un mois. En cas de non-respect de ces règles concernant le droit à l'image et à la vie privée, on peut être puni par la loi : jusqu'à un an d'emprisonnement et 45 000 euros d'amende !

Unité 3 — AFFAIRES SENSIBLES

- Leçon 1 .... p. 42-43
- Leçon 2 .... p. 44-45
- Leçon 3 .... p. 46-47
- Leçon 4 .... p. 48-49
- Grammaire .... p. 50-51
- Phonétique .... p. 52
- Lexique .... p. 53
- Apprendre à apprendre .... p. 54
- Portfolio .... p. 55
- Entraînement au DELF B1 .... p. 56-58

Unité 3 — 1. Révélons une affaire

Compréhension de l'oral 🎧 27

1 Répondez aux questions.
a. Combien de boîtes sont peut-être concernées par la contamination ? ....
b. Qu'est-ce que les parents des victimes veulent connaître ? ....

2 Cochez la bonne réponse.
a. Quels signes les bébés malades présentaient ?
  1. Des températures élevées. ☐
  2. Des rougeurs sur la peau. ☐
  3. Des problèmes de respiration. ☐
b. Ces laits sont vendus dans quel autre pays ?
  1. L'Allemagne. ☐
  2. L'Algérie. ☐
  3. L'Argentine. ☐
c. Où on peut avoir la liste des boîtes ?
  1. Sur le site de Lactalis. ☐
  2. Sur le site de la Direction générale de la santé. ☐
  3. Sur le site du ministère de la Santé. ☐
d. Qu'est-ce que les parents qui ont acheté des boîtes de lait contaminé doivent faire ?
  1. Rapporter les boîtes. ☐
  2. Jeter les boîtes. ☐
  3. Détruire les boîtes. ☐

Lexique

3 Complétez le texte avec les mots de la liste.
en quelques minutes – hier matin – la semaine prochaine – pendant plusieurs jours

Amiens : un héros de 14 ans !

........................, Simon, 14 ans, a plongé dans la rivière où un enfant de 4 ans était en train de se noyer. ...., l'adolescent a rejoint le petit garçon et l'a sorti de l'eau. Les secours ont ensuite transporté l'enfant à l'hôpital où il restera en observation .... Simon, lui, recevra .... une médaille de la ville d'Amiens pour son acte héroïque.

Grammaire

4 Conjuguez les verbes des phrases suivantes au futur simple.
a. Demain matin, il .... (pleuvoir) sur toute la région.
b. Il y .... (avoir) toujours des scandales dans le monde du football.
c. Tu .... (devoir) témoigner pendant le procès.
d. Les médias .... (révéler) toujours de nouvelles affaires.
e. Vous .... (connaître) la vérité dans les prochains jours…

5 Dans l'exercice précédent, quelle est la valeur du futur simple ? Classez les phrases.
a. une action à venir ? → Phrases ....
b. une vérité générale ? → Phrases ....

Compréhension des écrits

6 Lisez ce fait divers.

CANADA : UN PROFESSEUR SE PRÉSENTE À UN EXAMEN… À LA PLACE DE SON AMI ÉTUDIANT !

Mark Test, âgé de 26 ans à l'époque, est professeur de mathématiques de l'université de Montréal. Son ami Mathias B., étudiant en économie, a des difficultés en mathématiques et il demande à Mark de passer un examen à sa place. « *Il m'a expliqué qu'il avait peur d'avoir une mauvaise note à son examen. Comme c'est un étudiant étranger, il avait peur qu'on le renvoie de l'université et du pays s'il échouait* », a affirmé Mark au *Journal du Québec*. Le professeur a donc accepté de passer l'examen à la place de son jeune ami… et Mathias B. a fabriqué de faux documents d'identité avec des photos qu'il avait sur son ordinateur. Malheureusement pour eux, la personne qui surveillait l'examen a vu qu'il s'agissait de faux papiers. Deux mois après l'examen de mathématiques, Mark a perdu son poste de professeur. Il a été jugé le mois dernier par la cour municipale et a été reconnu coupable de tricherie. Mais aucune condamnation n'a été inscrite dans son casier judiciaire, et Mark Test pourra trouver un nouveau travail dans le futur. Il est soulagé et il a retenu la leçon : « C'était la pire erreur de ma vie, les conséquences ont été terribles ! »

D'après *Le Figaro étudiant*, « Un prof passe un examen à la place de son ami étudiant », 12 décembre 2013.

a. Mathias devait passer un examen dans quelle matière ?
....

b. Pourquoi Mathias a demandé de l'aide à Mark ?
   1. Parce que Mark est professeur d'économie. ☐
   2. Parce que Mathias a des difficultés en économie. ☐
   3. Parce que Mathias a peur d'avoir une mauvaise note. ☐

c. Qu'est-ce que Mathias a demandé à Mark ?
   1. De fabriquer de faux papiers. ☐
   2. De passer l'examen pour lui. ☐
   3. De lui donner une bonne note. ☐

d. Qui a compris la situation le jour de l'examen ?
....

e. Quelle a été la conséquence pour Mark ?
   1. Il a perdu son travail. ☐
   2. Il est allé en prison. ☐
   3. Il a dû payer une amende. ☐

Production écrite

7 Racontez un fait divers réel ou imaginé. Situez bien les actions dans le temps : employez les expressions *hier, la semaine dernière,* etc. (80 mots environ.)

Unité 3 – « Affaires sensibles »

Unité 3 — 2. Analysons des témoignages

Compréhension de l'oral 🎧 28

1 Cochez la bonne réponse.

a. Qui écrit les scripts de ces nouvelles émissions ?
  1. Les créateurs des programmes. ☐
  2. Des écrivains de science-fiction. ☐
  3. Des spécialistes de la téléréalité. ☐

b. Pourquoi les téléspectateurs ne veulent pas voir la réalité ?
  1. Parce qu'elle est violente. ☐
  2. Parce qu'elle est triste. ☐
  3. Parce qu'elle est ennuyeuse. ☐

c. Selon le spécialiste, il faut écrire les histoires et :
  1. travailler avec des acteurs célèbres. ☐
  2. couper certaines scènes. ☐
  3. ajouter de la musique. ☐

2 Répondez aux questions.

a. En quelle année a été diffusée la première émission de téléréalité en France ? ....
b. Selon le spécialiste, qui regarde le plus ce type de programmes ? ....

Lexique

3 Retrouvez dans la grille six mots de la leçon. Les mots sont cachés horizontalement, de gauche à droite (→).

E	Z	D	Z	Q	L	R	F	T	N	P	L	U	I
M	I	N	I	S	E	R	I	E	T	U	G	O	I
F	Y	R	C	U	Q	E	P	Y	Y	F	G	I	T
N	D	I	E	X	K	M	A	G	A	Z	I	N	E
Z	W	M	A	G	L	B	M	C	I	I	D	Y	Q
J	U	E	M	I	S	S	I	O	N	E	R	I	O
G	E	Y	R	E	P	O	R	T	A	G	E	Y	E
J	A	A	E	N	A	N	G	V	U	R	U	Y	M
H	U	X	U	Q	U	H	F	I	O	Y	E	U	I
I	O	M	T	I	C	X	C	H	A	I	N	E	V
E	F	P	R	O	G	R	A	M	M	E	F	S	A
S	H	S	O	M	B	T	U	P	O	Y	T	A	U
O	U	J	C	L	S	U	B	H	M	U	N	P	E
T	Y	K	E	P	A	B	I	E	Y	C	R	A	R

Grammaire

4 Remplacez les mots en gras par des pronoms comme dans l'exemple.

*Exemple : Je parle **à mes amis de l'affaire**. → Je **leur en** parle.*

a. Les journalistes révèlent **le nom du coupable aux lecteurs**.
  → Les journalistes ....
b. Tu racontes **l'histoire à Johanna**.
  → Tu ....
c. Nous présentons **le héros aux téléspectateurs**.
  → Nous ....
d. La police conduit **les témoins sur les lieux du crime**.
  → La police ....

Compréhension des écrits

5 Lisez l'article.

BRAQUAGE À L'HÔTEL LE PRINCE :
« Cette histoire m'a donné des idées pour mon prochain film…

La semaine dernière, un vol de bijoux spectaculaire a eu lieu dans le célèbre hôtel Le Prince, dans le centre de Paris. Le réalisateur François Leray était présent. Voici son témoignage.

« Il était 18 heures environ. J'étais au bar de l'hôtel avec un journaliste, Mourad Badri. Il me posait des questions sur mon dernier film et soudain le serveur du bar a crié : "Partez ! Partez tous !" J'ai vu trois personnes entrer. Elles avaient des pistolets et portaient des masques. Les gens ont commencé à crier. Les trois hommes nous ont dit : "On ne veut que vos bijoux !" Ils ont commencé à prendre les colliers, les montres et les bagues de plusieurs clients. Il y avait beaucoup de monde et Mourad Badri et moi, nous avons pu sortir de la pièce : les voleurs ne nous ont pas vus. Je connaissais bien l'hôtel et je savais où les toilettes se trouvaient. Nous y sommes allés et nous nous sommes cachés. J'avais mon téléphone avec moi et j'ai envoyé des messages à ma famille. Le journaliste et moi sommes restés silencieux pendant une dizaine de minutes. Quand nous avons entendu la police, nous sommes sortis des toilettes. Il était trop tard : les voleurs s'étaient enfuis avec des bijoux d'une valeur de 4 millions d'euros ! Heureusement, personne n'a été blessé. Cette histoire m'a donné des idées pour mon prochain film… »

a. Quelle est la profession de François Leray ? ....

b. Où le vol a eu lieu ?
   1. Dans une bijouterie. ☐
   2. Dans le bar d'un hôtel. ☐
   3. Dans les toilettes d'un hôtel. ☐

c. Pourquoi François Leray a pu sortir de la pièce ?
   1. Parce qu'il y avait beaucoup de monde. ☐
   2. Parce qu'il ne portait pas de bijou. ☐
   3. Parce qu'il était à côté des toilettes. ☐

d. Quand ils étaient cachés, François Leray et Mourad Badri :
   1. ont appelé la police. ☐
   2. n'ont pas parlé. ☐
   3. ont discuté dix minutes. ☐

e. Comment cela s'est terminé ?
   1. Les trois hommes ont été blessés. ☐
   2. La police a arrêté les voleurs. ☐
   3. Les voleurs ont pu s'enfuir. ☐

Production écrite

7 Aimez-vous les films qui ressemblent à la réalité ou préférez-vous les films de science-fiction, par exemple ? Pourquoi ? Répondez en donnant des exemples de films. (80 mots environ)

Unité 3 – « Affaires sensibles »

Unité 3 — 3. Présentons un épisode

Compréhension de l'oral 🎧 29

1 Répondez aux questions.
   a. Combien de temps a duré le procès ? ....
   b. Quelle est la nationalité de Romain Lutor ? ....

2 Cochez la bonne réponse.
   a. Pourquoi Krola a été condamné ?
      1. Parce qu'il a volé de l'argent. ☐
      2. Parce qu'il a copié un autre artiste. ☐
      3. Parce qu'il a agressé un autre artiste. ☐
   b. Qu'est-ce que Krola a déclaré après le verdict ?
      1. Il a dit qu'il était innocent. ☐
      2. Il a dit qu'il était rassuré. ☐
      3. Il a dit que l'autre artiste était jaloux. ☐
   c. Qu'est-ce que Krola va faire ?
      1. Écrire une chanson pour ses fans. ☐
      2. Prendre la parole sur les réseaux sociaux. ☐
      3. Passer à la radio pour réagir. ☐

Lexique

3 Retrouvez les mots en vous aidant des définitions et des lettres données.
   a. A __ __ __ A __ : personne qui défend ses clients dans un procès.
   b. S __ A __ __ A __ __ : histoire qui choque l'opinion publique et dont tout le monde parle.
   c. A __ __ A __ __ __ : cas que la police et la justice suivent.
   d. E __ __ __ Ê __ E : recherche d'informations menée par la police ou des détectives.
   e. E __ __ __ O __ __ E __ : tromper et voler quelqu'un.

Grammaire

4 Mettez le texte à la forme passive. Aidez-vous de l'exemple.

> **Le Témoin du jour : un scandale en direct !**
>
> L'animateur Georges Boutros a agressé une personne du public. La chaîne a diffusé les images en direct. Tous les téléspectateurs ont vu l'agression. Les responsables de l'émission ont contacté la police. L'affaire a scandalisé tout le monde. Les enquêteurs ont entendu Georges Boutros.

Une personne du public a été agressée par l'animateur Georges Boutros ....

....

....

....

....

....

Compréhension des écrits

5 Lisez le texte, puis répondez aux questions.

LYON : DES VACANCIERS ESCROQUÉS PAR UNE AGENCE DE VOYAGES

Scandale à Lyon : une centaine de personnes ont été escroquées par l'agence Méditerranée Voyages.

« Ma femme est partie en vacances avec nos quatre enfants le 10 juillet. Ils devaient rentrer en France le 4 septembre », raconte Ramazan, 38 ans qui a payé 2 750 euros pour cinq billets d'avion. « Mais ma famille ne peut pas quitter la Turquie : les billets de retour que j'ai achetés ne sont pas valables ! » D'autres voyageurs sont allés la semaine dernière à l'aéroport de Lyon et, quand ils ont voulu enregistrer leurs bagages, on leur a expliqué qu'il n'y avait pas de billet à leur nom. Certains ont dû acheter de nouveaux billets et d'autres ne sont pas partis en vacances.

Ramazan a décidé de dénoncer cette escroquerie sur Facebook et les témoignages sont de plus en plus nombreux sur le réseau social. Aurélie Sauvayre, l'avocate des vacanciers, explique : « L'agence a abusé de la confiance de ses clients. Certaines victimes étaient clientes depuis plusieurs années. » Selon l'avocate, le montant de cette escroquerie s'élève à environ 200 000 euros. Méditerranée Voyages, elle, garde le silence. L'agence de Lyon est actuellement fermée et son directeur ne répond pas au téléphone.

D'après *20 minutes*, « Lyon : Une centaine de vacanciers escroqués par une agence de voyage », 20 juillet 2017.

a. Les clients de Méditerranée Voyages ont quel problème ?
   1. Ils ne peuvent pas utiliser leurs billets d'avion. ☐
   2. Ils doivent payer une taxe à l'aéroport. ☐
   3. Presque tous leurs vols ont été annulés. ☐

b. Qu'est-ce que certains voyageurs ont dû faire ?
   1. Partir dans un autre pays. ☐
   2. Changer d'aéroport. ☐
   3. Acheter d'autres billets d'avion. ☐

c. Où se trouve la famille de Ramazan ?
   ....

d. Que dit l'avocate des victimes ?
   1. Cette affaire d'escroquerie dure depuis des années. ☐
   2. Certains voyageurs connaissaient l'agence depuis longtemps. ☐
   3. L'une des victimes a perdu 200 000 euros. ☐

e. Comment l'agence de voyages a réagi ?
   ....

Production écrite

6 Vous découvrez cette annonce sur votre site favori :

> Scandale pour les téléspectateurs ! Les témoins de l'émission *Vous avez la parole* ne sont pas de vrais témoins, ce sont des acteurs et leurs témoignages sont écrits par la chaine ! **Nous attendons vos réactions sur notre site.**

Répondez et exprimez votre opinion. (80 mots environ)

Unité 3 — 4. Racontons l'histoire

Compréhension de l'oral 🎧 30

1 ▶ Répondez aux questions.

a. Comment s'appelle la pièce de théâtre ?
....

b. La journaliste a vu la pièce dans quelle ville française ?
....

2 ▶ Cochez la bonne réponse.

a. Depuis quand cette pièce de théâtre est jouée ?
　1. Depuis la semaine dernière. ☐
　2. Depuis l'année dernière. ☐
　3. Depuis plusieurs années. ☐

b. D'après la journaliste, pourquoi cette pièce est originale ?
　1. Parce qu'elle est comique et terrifiante en même temps. ☐
　2. Parce qu'il y a des effets spéciaux comme au cinéma. ☐
　3. Parce que les acteurs jouent dans un château. ☐

c. Qu'est-ce qu'il se passe au début de la pièce ?
　1. Le personnage principal meurt. ☐
　2. Le personnage principal appelle la police. ☐
　3. Le personnage principal tue une femme. ☐

d. Qui joue le rôle du personnage principal ?
　1. Sacha Danino. ☐
　2. Arthur Jugnot. ☐
　3. Nicolas Martinez. ☐

e. Quelle récompense la pièce a obtenue ?
　1. Un prix Molière. ☐
　2. Un César. ☐
　3. La Palme d'or. ☐

Grammaire

3 ▶ Complétez les phrases avec *car*, *soudain*, *mais* ou *puis*.

a. Nous ne suivons pas l'actualité .... nous nous intéressons à cette affaire.
b. La victime a témoigné, ... l'avocat a pris la parole.
c. L'homme a été arrêté .... il a commis un meurtre.
d. La victime marchait tranquillement dans la rue. ...., un homme l'a attaquée

Compréhension des écrits

4 Lisez le texte, puis répondez aux questions.

Ce film réalisé par Cédric Anger est sorti en 2014. Pendant presque deux heures, le spectateur suit le personnage principal, Franck Neuhart, joué par Guillaume Canet. Franck a deux identités : pendant la journée, c'est un jeune policier timide, mais le soir, il tue des jeunes femmes et laisse leur corps le long des routes. Les autres policiers enquêtent sur ce mystérieux tueur et ne pensent pas qu'il s'agit de l'un de leurs collègues...

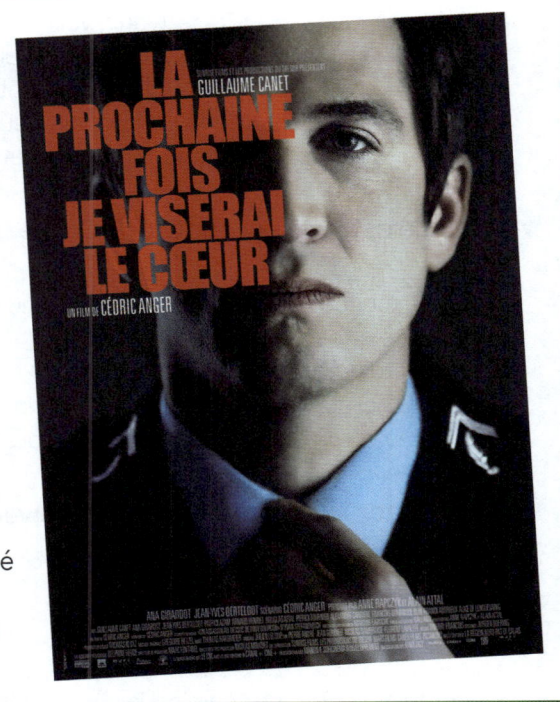

Cette histoire est inspirée d'un vrai fait divers qui s'est déroulé à la fin des années 70 dans l'Oise, en France : l'affaire Alain Lamare. Cet homme, que les journalistes de l'époque appelaient « le tueur de l'Oise », a volé des voitures, agressé des gens et tué une jeune femme. Il terrifiait tous les habitants de la région mais personne ne savait qui il était réellement. Quand la police a révélé que ce meurtrier était un policier, cela a provoqué un scandale. Les journalistes français n'ont parlé que de l'affaire pendant plusieurs mois. Ce film réaliste et terrifiant a obtenu le prix de la meilleure adaptation en 2015.

a. Quel acteur joue le rôle principal ?
....

b. Qui est Franck Neuhart ?
1. Un acteur français qui a joué dans un film policier. ☐
2. Un homme qui a assassiné plusieurs femmes. ☐
3. Un policier qui a découvert l'identité d'un meurtrier. ☐

c. Quel nom est donné à Alain Lamare par les journalistes ?
....

d. D'après le texte, le film :
1. s'inspire d'une histoire vraie. ☐
2. a été interdit pendant plusieurs mois. ☐
3. a provoqué un scandale. ☐

e. Quand l'identité du tueur a été révélée :
1. cela a rassuré les gens. ☐
2. cela a terrifié les gens. ☐
3. cela a scandalisé les gens. ☐

Production écrite

5 Lisez le début de ce récit et imaginez la suite. Utilisez bien les organisateurs du récit : *car, mais, puis* etc. (80 mots environ.)

« Samedi dernier, un vol a eu lieu chez la famille Bourgogne. Pendant l'absence des propriétaires, Jean-Luc et Chantal Bourgogne, ...

....
....
....
....
....
....

Unité 3 – « Affaires sensibles »

Unité 3 — Grammaire

1. Conjuguez les verbes suivants au futur simple.

a. Vous .... (venir) voir le reportage à la maison ?
b. La victime ne .... (vouloir) pas témoigner.
c. On .... (envoyer) bientôt ce criminel en prison !
d. Nous ne .... (savoir) peut-être jamais qui a commis le meurtre.
e. Il .... (falloir) être discrets pendant l'enquête.

2. Quelle est la valeur du futur ? Cochez la bonne réponse.

	Action à venir	Vérité générale
a. Tout le monde s'intéressera à ce nouveau scandale.	☐	☐
b. La police arrêtera toujours les voleurs.	☐	☐
c. L'enquête durera plusieurs mois.	☐	☐
d. Les journalistes révéleront le nom du criminel dans quelques heures !	☐	☐
e. Les meurtriers ne seront jamais assez punis pour leurs crimes.	☐	☐

3. Remettez les mots des phrases suivantes dans l'ordre.

a. nous / répètent. / Les / le / journalistes
→ ....

b. en / La / vous / parlera. / victime
→ ....

c. conseillent. / Tes / te / amis / la
→ ....

d. lui / Le / envoie. / criminel / la
→ ....

e. l' / La / donné. / nous / police / a
→ ....

f. révélé. / témoin / me / Le / a / l'
→ ....

4. Remettez les mots des phrases dans l'ordre.

a. minutes. / dure / L' / que / émission / vingt / ne
→ ....

b. programmes / que / n' / mes / Ces / parents. / intéressent
→ ....

c. ne / d' / Les / parlent / accidents ! / journalistes / que
→ ....

d. la / On / télévision ! / héros / ce / voit / à / ne / que
→ ....

5. Complétez les phrases librement. Respectez le sens des organisateurs du récit.

a. La vieille dame s'est cachée. Puis, ...
b. Karina a appelé la police, car ....
c. Ils ont entendu du bruit à minuit, mais ....
d. Marcus a été escroqué. Alors, ...

6 Lisez les informations et écrivez des phrases avec *ne... que* comme dans l'exemple.

> **Portrait d'Océane Gachet, star de la série télé Ado & co**
> a. Le seul écrivain qu'elle aime : Michel Bussi
> b. Le seul chanteur qu'elle écoute : Justin Bieber
> c. Les seuls films qu'elle regarde : les films inspirés d'histoires vraies
> d. La seule émission qu'elle regarde : Danse avec les stars
> e. Le seul sport qu'elle pratique : la danse

Exemple : a. → **Océane ne lit que Michel Bussi.**

b. ....
c. ....
d. ....
e. ....

7 Mettez les phrases à la voix active comme dans l'exemple.

Exemple : Mme Michu a été entendue par les enquêteurs → Les enquêteurs ont entendu Mme Michu.

a. Des milliers de personnes ont été sauvées par les pompiers.
→ ....
b. L'affaire est suivie par de nombreux téléspectateurs.
→ ....
c. Cette minisérie est regardée par les adolescents.
→ ....
d. Mon père a été escroqué par un voisin.
→ ....
e. J'ai été secourue par des amis.
→ ....

8 Mettez les phrases au passif comme dans l'exemple.

Exemple : La police a arrêté le meurtrier. → Le meurtrier a été arrêté par la police.

a. L'inspecteur Girard mène l'enquête.
→ ....
b. Nora Malva a réalisé ce reportage.
→ ....
c. La victime a contacté la police.
→ ....
d. La justice condamnera les coupables.
→ ....
e. Cet homme a sauvé l'enfant qui se noyait.
→ ....

Unité 3 — Phonétique

Les sons [k] et [g]

1 Écoutez. Vous entendez le son [k] ou le son [g] ? Cochez la bonne case. 🎧31

	[k]	[g]
a.	☐	☐
b.	☐	☐
c.	☐	☐
d.	☐	☐
e.	☐	☐
f.	☐	☐

2 Lisez. Ecoutez. Soulignez le son [g]. 🎧32
  a. L'accusé a gardé le silence.
  b. Il n'y a aucune goutte de sang...
  c. Ce gang est connu dans la région.
  d. La police a cru que c'était une blague.

3 Écoutez. Quel mot est prononcé ? Cochez la bonne réponse. 🎧33
  a. cage ☐   gage ☐
  b. gant ☐   quand ☐
  c. car ☐   gare ☐
  d. coûter ☐ goûter ☐
  e. écu ☐   aigu ☐
  f. carré ☐   garer ☐

4 Écoutez. Combien de fois vous entendez le son [k] ? 🎧34
  a. .... fois
  b. .... fois
  c. .... fois
  d. .... fois
  e. .... fois

5 Écoutez et écrivez les phrases entendues. 🎧35
  a. ....
  b. ....
  c. ....
  d. ....
  e. ....

6 Lisez le texte puis jouez la scène à deux. Écoutez pour vérifier votre prononciation.

Présentateur – Ce soir dans l'émission Enquêtes en série, nous vous racontons l'affaire du « gang des masqués », un groupe connu pour son trafic de drogue et ses agressions. Rappelez-vous...

Voix off – Ce soir-là, Angélica Gaquière était dans le quartier de la gare. Elle marchait tranquillement, quand tout à coup, elle a aperçu un homme masqué. Elle a poussé un cri aigu car elle a compris que c'était un membre du « gang des masqués ». Elle s'est mise à courir, mais l'homme masqué l'a rattrapée et a sorti un grand couteau de son sac...

Présentateur – Quand la police est arrivée sur les lieux du crime quelques minutes après, le corps de la victime était couvert de sang. Elle n'avait que vingt-cinq ans, l'enquête démarrait...

Lexique

1 Classez les expressions de la liste selon leur sens.

hier matin – en quelques secondes – bientôt – pendant plusieurs mois – la semaine dernière – dans les prochains jours

- ▶ Expressions de la durée : ....
- ▶ Événements passés : ....
- ▶ Événements futurs : ....

2 Complétez le texte avec les mots de la liste.

alors – en quelques heures – d'abord – dans les prochaines semaines – puis

Panique au zoo !

Cinquante-deux singes se sont échappés du zoo de Vincennes ! .... l'un des soigneurs en a vu un qui se promenait dans le parc animalier. Il a .... contacté des policiers et des vétérinaires pour attraper les singes. ...., les visiteurs ont dû quitter le zoo pour des raisons de sécurité. ...., l'opération était terminé, mais il faudra trouver .... comment ces animaux ont pu s'échapper.

3 Complétez la grille de mots de croisés avec le lexique de l'unité. Aidez-vous des définitions.

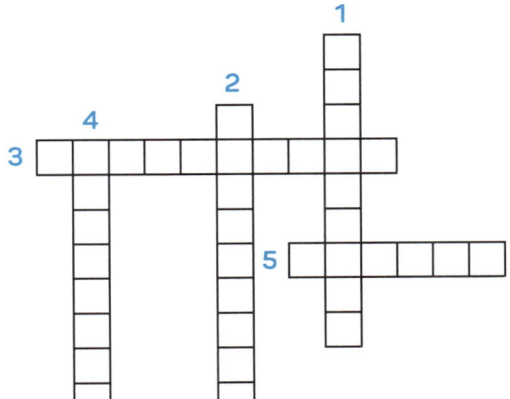

Horizontal
3. Média qui diffuse des images et du son pour informer ou pour divertir.
5. Changer de chaîne.

Vertical
1. Enquête télévisée qui informe le public
2. Programme court en plusieurs épisodes.
4. Arrêter un appareil électrique.

4 Remettez les lettres dans l'ordre et retrouvez les mots de l'unité.

a. H Î A N E C : ....
b. M É S O N I S I : ....
c. E G I Z A M A N : ....
d. M O R P A G R E M : ....

5 Complétez le texte avec les mots de la liste.

affaire – justice – juge – escroqué – avocat – victime – scandale

La reine de l'escroquerie !

Depuis 2010, Cindy Vatal a été condamnée vingt-trois fois par la .... parce qu'elle a volé et .... de nombreuses personnes. Sa dernière ...., un homme âgé, a perdu 15 000 euros. L'..................... a provoqué un véritable .... L'..................... de Cindy Vatal a expliqué : « Ma cliente est malade. » Mais cette fois, le .... a condamné la voleuse à dix ans de prison.

Unité 3 – « Affaires sensibles »

Unité 3 — Apprendre à apprendre

La voix passive

1. Je reconnais la voix active et la voix passive.

Les phrases sont à la voix active ou passive ? Cochez la bonne réponse.

	Actif	Passif
a. Le vendeur a escroqué ses clients.	☐	☐
b. L'affaire a été révélée par un journaliste.	☐	☐
c. L'homme a volé des milliers de bijoux.	☐	☐
d. Le présentateur de l'émission a été licencié par la chaîne.	☐	☐
e. Le coupable est arrêté par la police.	☐	☐

2. Je sais qui fait l'action dans une phrase au passif.

Qui fait l'action ? Soulignez, puis transformez les phrases comme dans l'exemple.

*Exemple : M. Lepic a été tué **par M. Dupont**. → M. Dupont a tué M. Lepic.*

a. Les clients ont été escroqués par le banquier. → ....
b. Ce fait divers est présenté par le journaliste. → ....
c. Le criminel a été défendu par un célèbre avocat. → ....
d. Les téléspectateurs sont passionnés par cette affaire. → ....
e. Le tueur sera condamné par la justice. → ....

3. Je mets la phrase au passif : j'emploie l'auxiliaire *être* et j'accorde le participe passé.

a. Les pompiers ont sauvé les habitants de l'immeuble.
→ ....
b. L'enquêteur interroge les témoins du crime.
→ ....
c. Un homme armé a volé des centaines de bijoux.
→ ....
d. Georges Boutros présente cette émission.
→ ....

4. Parfois, il n'y a pas de complément introduit avec *par*.

a. Quelles phrases sont à la voix passive ? Soulignez-les.
1. Le coupable a été jugé.
2. Le procès a été long.
3. Il est resté longtemps en prison.
4. La série est regardée dans tous les pays.
5. Le reportage est terminé.

b. Transformez les phrases comme dans l'exemple.
Exemple : La justice a ouvert une enquête. → Une enquête a été ouverte.

1. Les policiers ont découvert un cadavre.
→ ....
2. Le juge a entendu les témoins.
→ ....
3. Le responsable de la chaîne supprime l'émission.
→ ....
4. Le journaliste a révélé le nom du tueur.
→ ....

Portfolio

	Oui	Pas complètement	Pas encore
Langue			
Je peux situer un récit dans le temps.			
Je peux présenter un fait d'actualité de façon organisée.			
Je peux repérer des informations dans un témoignage.			
Grammaire			
Je connais les différentes valeurs du futur simple.			
Je peux utiliser les doubles pronoms.			
Je peux exprimer la restriction avec *ne... que*.			
Je maîtrise les organisateurs du récit.			
Je comprends l'utilisation de la voix passive.			
Je peux utiliser la voix passive.			
Lexique			
Je connais du lexique relatif à la télévision.			
Je connais du lexique relatif à la justice.			
Je peux me situer dans le temps.			
Phonétique			
Je distingue les sons [k] et [g].			
Je prononce correctement [k] et [g].			
Civilisation			
Je connais des affaires ou des faits d'actualité.			
Je connais les miniséries et la « *scripted reality* ».			
Je connais des films tirés d'histoires vraies.			
Je connais des écrivains et des ouvrages français.			

Unité 3 – « Affaires sensibles »

Unité 3 — Entraînement au DELF B1

Compréhension de l'oral

Vous allez entendre trois documents sonores, correspondant à trois exercices.
Pour le premier et le deuxième document, vous aurez :
- *30 secondes pour lire les questions ;*
- *une première écoute, puis 30 secondes de pause pour commencer à répondre aux questions*
- *une seconde écoute, puis 1 minute de pause pour compléter vos réponses.*

Exercice 1 🎧 37

1. Pourquoi la victime est allée au parc ?
   a. Parce qu'elle voulait courir dans le parc. ☐
   b. Parce qu'elle y avait rendez-vous avec son amie. ☐
   c. Parce qu'elle y avait rendez-vous avec son fiancé. ☐
2. Qui attendait la victime dans le parc ?
   a. Son fiancé. ☐
   b. Le mari de sa sœur. ☐
   c. Le fiancé de son amie. ☐
3. Quel âge a l'homme arrêté par la police ?
   ....
4. Il a agressé la victime avec quelle arme ?
   ....
5. Comment les automobilistes ont réagi ?
   a. Ils ne se sont pas arrêtés. ☐
   b. Ils ont appelé la police. ☐
   c. Ils ont conduit la victime à l'hôpital. ☐

Exercice 2 🎧 38

1. Combien de temps dure un épisode de « réalité scénarisée » ?
   ....
2. D'après le spécialiste, pourquoi ces miniséries ont du succès ?
   a. Parce que les personnages sont des héros. ☐
   b. Parce que les personnages sont jeunes. ☐
   c. Parce que les personnages ressemblent aux téléspectateurs. ☐
3. De quel pays vient ce type de programme ?
   ....
4. Sur quelle chaîne passe *Rencontre extraordinaire* ?
   ....
5. Selon Ibrahim Issa, qui regarde ce programme ?
   a. Les femmes de moins de 50 ans. ☐
   b. Les femmes de plus de 50 ans. ☐
   c. Les jeunes femmes de 15 ans. ☐
6. Pourquoi ces programmes sont critiqués ?
   a. À cause des horaires de diffusion. ☐
   b. Parce qu'ils passent sur des chaînes étrangères. ☐
   c. Parce que les acteurs sont mauvais. ☐

Exercice 3 🎧 39

1. Le film *Intouchables* a fait combien d'entrées en France ?
   ....
2. Le film *Intouchables* est :
   a. inspiré d'une histoire vraie. ☐
   b. inspiré d'un fait divers. ☐
   c. inspiré d'un roman. ☐
3. Qui est Philippe ?
   a. C'est un homme riche de la banlieue parisienne. ☐
   b. C'est un homme handicapé qui a fait de la prison. ☐
   c. C'est un homme qui aime l'art et l'opéra. ☐
4. D'après l'émission, quel est le sujet principal du film ?
   a. L'amour. ☐
   b. L'amitié. ☐
   c. Le handicap. ☐
5. D'après Paul, comment les spectateurs étaient à la fin du film ?
   a. Ils pleuraient. ☐
   b. Ils étaient en colère. ☐
   c. Ils souriaient. ☐

Compréhension des écrits

Exercice 4

Enlèvement de chien à Nice !

Les faits se sont déroulés le 17 mars dernier, vers 10 heures du matin. Nala, une petite chienne âgée de trois mois, ne faisait partie de la famille de Gérard et Annick Leconte que depuis quelques semaines. Le jour de son enlèvement, elle jouait derrière leur maison et ses propriétaires regardaient la télévision dans le salon. Soudain, ils ne l'ont plus entendue. Gérard et Annick ont d'abord commencé à chercher Nala dans le jardin, puis dans leur quartier, mais ils ne l'ont pas trouvée. L'après-midi, le couple a reçu l'appel d'un homme qui avait une voix très jeune. Nala était avec lui et il demandait 500 euros pour rendre la petite chienne ! Le jeune homme a donné rendez-vous aux malheureux propriétaires à côté du stade. Les Leconte ont alors décidé d'appeler la police. Un agent a accepté de se rendre près du stade où il a trouvé la personne qui avait enlevé Nala : c'était un adolescent ! Le jeune homme a expliqué à la police qu'il avait besoin d'argent et qu'il n'avait pas de travail. Finalement, il n'a pas été arrêté et Nala a pu retrouver ses propriétaires.

D'après *France Soir*, « Eure: il enlève et menace de tuer leur chien pour une rançon de 500 euros », 17 avril 2017.

1. Où étaient les Leconte quand la chienne a disparu ?
   ....
2. Qu'est-ce qu'ils ont fait d'abord ?
   a. Ils ont appelé la police. ☐
   b. Ils ont cherché Nala partout. ☐
   c. Ils ont contacté leurs amis. ☐
3. Qui est allé au lieu du rendez-vous ?
   ....
4. Pourquoi le voleur avait enlevé Nala ?
   a. Parce qu'il voulait un chien. ☐
   b. Parce qu'il n'aimait pas les Leconte. ☐
   c. Parce qu'il voulait d'argent. ☐

Exercice 5

MEURTRE : UN TÉMOIN SURPRENANT !

Le fait divers s'est passé aux États-Unis. Le 28 mai dernier, Marc Dunhill, 46 ans, a été découvert dans sa maison, tué par une arme à feu : cinq balles ont été retrouvées dans son corps ! Son épouse depuis onze ans, Gladys, a été blessée à la tête et a dû être hospitalisée. D'abord, les enquêteurs ont cru que le couple avait été victime d'une agression. Mais Coco, le perroquet du couple, était présent quand son propriétaire a été tué. Les parents de Marc l'ont emporté chez eux et l'oiseau a répété sans arrêt la phrase : « Ne tire pas ! » avec une voix qui ressemblait beaucoup à la voix de la victime. Une spécialiste des oiseaux a été contactée par la police américaine. Elle a analysé le comportement de Coco et a finalement affirmé qu'il imitait une dispute entre un homme et une femme.

Alors, les policiers ont compris que l'oiseau avait été témoin de la scène et qu'il répétait les derniers mots prononcés par la victime. Gladys n'était donc pas une victime, mais la meurtrière : elle avait tout d'abord tué son mari et avait ensuite essayé de se suicider. C'est la raison de sa blessure à la tête. Gladys Dunhill continue pourtant d'affirmer qu'elle n'a pas tué son mari. La justice américaine doit donner son verdict dans les prochains jours : la femme risque trente ans de prison.

D'après 20 minutes.fr, 21 juillet 2017.

1. Qu'est-ce que la police a découvert ?
   a. Un couple tué par balles. ☐
   b. Le corps d'un homme qui s'est suicidé. ☐
   c. La victime d'un meurtre. ☐
2. Qu'est-ce que Coco a fait ?
   a. Il a prononcé le nom du tueur. ☐
   b. Il a répété les mots de la victime. ☐
   c. Il a imité la voix du tueur. ☐
3. Pourquoi Coco est un témoin « surprenant » ?
   ....
4. Pourquoi Gladys a une blessure à la tête ?
   ....
5. Finalement, Gladys...
   a. s'est suicidée. ☐
   b. a été condamnée. ☐
   c. a dit qu'elle n'avait rien fait. ☐

Unité 3

Production écrite

Exercice 6
Vous racontez un fait d'actualité (réel ou fictif). (100 mots minimum)

Production orale

L'épreuve se déroule en trois parties qui s'enchaînent. Elle dure entre 10 et 15 minutes. Pour la 3e partie, vous disposez de 10 minutes de préparation. Cette préparation a lieu avant le déroulement de l'ensemble de l'épreuve.

Exercice 7
Exercice en interaction
Vous jouez le rôle qui vous est indiqué sur le document que vous avez choisi parmi les deux tirés au sort.

Sujet 1
Vous êtes en vacances chez un ami français. Vous avez envie de regarder une minisérie inspirée de la réalité, mais votre ami ne veut pas. Vous lui demandez pourquoi il refuse, puis vous lui expliquez que ce programme peut vous aider à améliorer votre français.

Sujet 2
Vous êtes en France. Vous voulez lire un roman policier en français mais vous ne savez pas lequel choisir. Vous ne voulez pas lire une histoire trop compliquée. Vous demandez conseil à la personne qui travaille à la bibliothèque.

Exercice 8
Expression d'un point de vue
Vous dégagez le thème soulevé par le document et vous présentez votre opinion sous la forme d'un exposé personnel de 3 minutes environ. L'examinateur pourra vous poser quelques questions.

Sujet — *Les faits divers inspirent les réalisateurs*
Depuis quelques années, les films inspirés par de grandes affaires sont de plus en plus nombreux : scandales, braquages, meurtres… On a parfois l'impression qu'il n'y a que ce type de films au cinéma ! Les réalisateurs expliquent que les faits divers permettent de parler de la réalité et de l'actualité. Selon un spécialiste du cinéma, cette multiplication des scénarios inspirés d'affaires criminelles est « peut-être le signe d'un sentiment d'insécurité générale ». Mais l'objectif du cinéma n'est pas d'aider à oublier la réalité ?

Unité 4 — JUNIOR ASSOCIATION

- Leçon 1 .... p. 60-61
- Leçon 2 .... p. 62-63
- Leçon 3 .... p. 64-65
- Leçon 4 .... p. 66-67
- Grammaire .... p. 68-69
- Phonétique .... p. 70
- Lexique .... p. 71
- Apprendre à apprendre .... p. 72
- Portfolio .... p. 73
- Entraînement au DELF B1 .... p. 74-77

Unité 4 — 1. Devenons bénévoles

Compréhension de l'oral 🎧 40

1 **Répondez aux questions.**
   a. Combien il y a de bénévoles en France ? ....
   b. Théo aide qui ? ....

2 **Cochez la bonne réponse.**
   a. **Le nombre de jeunes bénévoles en France :**
      1. a diminué de 3 %. ☐
      2. a augmenté de 30 %. ☐
      3. n'a pas changé en 3 ans. ☐
   b. **Qui est Théo ?**
      1. Le jeune président des Compagnons de la nuit. ☐
      2. Un homme âgé bénévole dans une association. ☐
      3. Un lycéen qui fait du bénévolat. ☐
   c. **Selon Théo, qu'est-ce qui est important ?**
      1. La santé. ☐
      2. L'écoute. ☐
      3. L'alimentation ☐
   d. **Qu'est-ce que Théo souhaite faire plus tard ?**
      1. Aider les jeunes. ☐
      2. S'occuper des personnes âgées. ☐
      3. Soigner les malades de sa ville. ☐

Lexique

3 **Retrouvez les mots en vous aidant des lettres et des définitions.**
   a. A __ __ O __ __ A __ __ O __ : (nom) groupe de personnes qui agissent pour un but, un objectif commun.
   b. B __ __ __ __ O __ __ : (nom) personne qui aide et qui n'est pas payée.
   c. C __ __ P __ __ __ __ C __ : (nom) capacité, qualification pour faire quelque chose.
   d. D __ __ U __ __ : (adjectif) état de quelqu'un qui n'a pas d'argent, pas de nourriture, etc.

Grammaire

4 **Conjuguez les verbes suivants au subjonctif présent.**
   a. Mon frère aimerait que je .... (être) bénévole comme lui.
   b. J'aimerais que nous .... (s'engager) pour cette cause.
   c. Tu aimerais que tes amis .... (s'investir) dans la lutte contre la pauvreté.
   d. Les gens démunis aimeraient que nous .... (passer) un peu de temps avec eux.
   e. Nous aimerions que vous .... (discuter) avec ces bénévoles.

5 **Transformez le texte comme dans l'exemple.**

Mathias **est bénévole** pour une association de sa ville. Il aide les personnes démunies. Il passe du temps avec elles. Il distribue des repas aux sans-abris. Il fait du soutien scolaire.

Julia aimerait suivre le modèle de Mathias : elle *aimerait être* bénévole ....
....
....
....

Compréhension des écrits

6 Lisez le texte, puis répondez aux questions.

L'ASSOCIATION RÉGIONALE SOLID'AIR RECHERCHE DES BÉNÉVOLES

**Vous avez entre 16 et 20 ans ? Vous aimeriez aider les autres ?
Vous voulez vous rendre utile ?**

Alors, rejoignez les jeunes bénévoles de notre association
et participez à des actions solidaires :
- → accueil des personnes démunies dans notre association ;
- → distribution de repas aux sans-abris ;
- → accompagnement scolaire de collégiens ;
- → animation d'activités sportives auprès d'enfants de 7 à 10 ans ;
- → etc.

Nos bénévoles viennent de toutes les villes de la région :
c'est l'occasion de rencontrer des jeunes et de se faire des amis !

Vous pensez ne pas être qualifié ?
Rassurez-vous : aucune compétence n'est demandée.
Le plus important, c'est votre patience !

Alors venez nous retrouver !

SOLID'AIR
14 rue du Refuge
25000 Besançon
03 65 76 54 21

a. Qui peut devenir bénévole pour cette association ?
   1. Les personnes démunies. ☐
   2. Les jeunes de moins de 20 ans. ☐
   3. Les collégiens de moins de 16 ans. ☐

b. Qu'est-ce que les bénévoles de cette association font ?
   1. Ils accueillent des animaux abandonnés. ☐
   2. Ils passent du temps avec les personnes âgées. ☐
   3. Ils donnent à manger aux gens qui vivent dans la rue. ☐

c. Les bénévoles viennent d'où ?
   ....

d. Si on veut être bénévole chez Solid'Air, quelle compétence il faut ?
   1. Il ne faut pas avoir de compétence spéciale. ☐
   2. Il faut être sportif. ☐
   3. Il faut parler des langues étrangères. ☐

Production écrite

7 Vous allez sur le site de l'association Atout' âge qui aide les personnes âgées. Lucie est bénévole pour cette association. Vous lui envoyez un mail pour lui poser des questions sur le bénévolat, sur ses actions et son engagement.

Unité 4 – « Junior Association »

Unité 4 — 2. Communiquons

Compréhension de l'oral 🎧 41

1 Répondez aux questions.
a. L'association Médecins du monde a été créée en quelle année ? ....
b. Médecins du monde est présent dans combien de pays environ ? ....

2 Cochez la bonne réponse.
a. Médecins du monde lutte contre quoi ?
  1. La pollution. ☐
  2. La violence. ☐
  3. L'inégalité. ☐
b. Quelle est la particularité de ces médecins ?
  1. Ce sont des bénévoles. ☐
  2. Ce sont des militaires. ☐
  3. Ce sont des étrangers. ☐
c. Qu'est-ce que les équipes veulent apporter en priorité aux populations ?
  1. L'accès à l'éducation. ☐
  2. L'accès aux soins. ☐
  3. L'accès à la sécurité. ☐
d. Qu'est-ce qu'on peut faire quand on va sur le site de Médecins du monde ?
  1. S'inscrire comme bénévole pour l'association. ☐
  2. Prendre rendez-vous avec un médecin. ☐
  3. Faire un don à Médecins du monde ☐

Lexique

3 Retrouvez huit mots de la leçon dans la grille. Les mots sont cachés horizontalement, de gauche à droite (→).

V	A	T	Y	A	N	K	O	I	J	E	D	E	U
E	E	N	U	M	Y	A	U	E	E	R	P	E	V
E	P	I	D	E	M	I	E	Z	D	Y	A	D	K
K	B	I	O	U	C	A	U	I	M	Y	O	I	J
H	S	N	A	P	J	K	Y	C	K	K	J	I	H
H	U	M	A	N	I	T	A	I	R	E	F	O	Z
J	I	U	S	F	O	N	D	S	C	W	T	I	K
L	K	E	X	C	L	U	S	I	O	N	H	E	T
V	U	Z	R	E	S	S	O	U	R	C	E	Z	K
D	O	N	A	T	E	U	R	B	U	C	E	N	O
E	I	M	P	A	R	T	I	A	L	I	T	E	X
C	T	A	E	G	P	I	Q	E	A	V	E	X	I
C	O	N	F	L	I	T	T	B	L	U	T	S	A
F	U	E	A	E	A	K	W	F	L	N	J	A	S

Grammaire

4 Conjuguez les verbes des phrases suivantes au conditionnel présent.
a. Vous .... (devoir) utiliser d'autres moyens de communication.
b. Une planète sans pollution ? Ce .... (être) formidable !
c. Nous .... (aimer) lutter contre la faim dans le monde.
d. On .... (pouvoir) faire un don ?
e. Il .... (falloir) contacter cette association.
f. Ce que tu .... (vouloir) faire, c'est aider les autres.

Compréhension des écrits

5 Lisez la présentation des équipes de réponse aux urgences, puis répondez aux questions.

LES ERU : LES ÉQUIPES DE RÉPONSES AUX URGENCES

Depuis leur création en 2002, les ERU sont intervenues plus de vingt fois dans des contextes aussi différents que des catastrophes naturelles, des conflits armés ou encore des déplacements de populations.

Ces équipes de spécialistes volontaires peuvent être disponibles entre 24 et 48 heures après le déclenchement de l'alerte, pour une durée minimale de trois semaines. Leur matériel peut être expédié sur les lieux de l'opération 48 heures après la catastrophe grâce à une organisation efficace.

Quand elles arrivent, les ERU répondent aux besoins les plus urgents des populations après la catastrophe : médicaments, eau potable et aliments.

Les équipes suivent des formations spécifiques, font des exercices réguliers et ont un matériel adapté. Elles peuvent donc se déplacer dans le monde entier pour aider les populations les plus isolées.

D'après « ERU : un dispositif d'urgence », www.croix-rouge.fr.

a. Vrai ou faux ?

	Vrai	Faux
1. Les ERU sont intervenues plus de vingt fois en 2002.	☐	☐
2. Les ERU peuvent intervenir dans des pays en guerre.	☐	☐
3. Les ERU interviennent uniquement lors de catastrophes naturelles.	☐	☐

b. Qui sont les ERU ?
1. Des bénévoles. ☐
2. Des militaires. ☐
3. Des volontaires. ☐

c. Ces personnes restent combien de temps sur le terrain ?
....

d. Qu'est-ce qu'elles apportent en priorité aux populations ?
1. De la nourriture. ☐
2. Des vêtements chauds. ☐
3. De l'argent. ☐

Production écrite

6 Les images surprenantes peuvent sensibiliser les gens à la protection de l'environnement. Que pensez-vous de cette photo sur le réchauffement climatique ? Donnez votre opinion et expliquez votre réponse. (80 mots environ.)

....
....
....
....
....
....
....
....

Unité 4 – « Junior Association »

Unité 4 — 3. Récoltons des fonds

Compréhension de l'oral 🎧 42

1 Cochez la bonne réponse.

a. Vrai ou faux ?

	Vrai	Faux
1. Il y a eu une catastrophe naturelle au Népal.	☐	☐
2. L'ONU a lancé un appel aux dons samedi dernier.	☐	☐
3. Les Français n'ont pas fait beaucoup de dons.	☐	☐

b. Quel moyen utilisent les gens pour faire leurs dons ?
1. Ils envoient des chèques aux associations. ☐
2. Ils vont sur place pour donner de l'argent. ☐
3. Ils vont sur Internet pour payer en ligne. ☐

c. Les Népalais ont besoin de quoi en priorité ?
1. De médicaments. ☐
2. De vêtements. ☐
3. De nourriture. ☐

2 Répondez aux questions.
a. Les bénévoles de Médecins sans frontières ont récolté quelle somme hier ? ....
b. D'après l'ONU, le Népal a besoin de combien d'argent ? ....

Lexique

3 Complétez le texte avec les mots de la liste.

convaincus – évident – certainement – évidence

Le Cœur sur la main
APPEL AUX DONS

Vous connaissez ……………………… notre association !
L'association « Le Cœur sur la main » fête ses 15 ans ! Nous vous remercions pour vos nombreux dons ! Sans vous, nous ne pouvons pas agir, c'est ……………………… !
Nous avons besoin de vous aujourd'hui pour aider les familles démunies de notre ville : elles manquent de vêtements, de livres, de jouets… Certaines n'ont plus de logement ! De toute ……………………, la situation devient urgente !
Malgré tout, nous restons positifs car nous sommes ……………………… que leur situation peut changer grâce à votre générosité.
Alors venez faire un don !

Grammaire

4 Remettez phrases dans l'ordre.
a. que / gens / les / Il / réagissent ! / faut : ....
b. faut / nous / fonds ! / Il / des / récoltions / que : ....
c. tu / un / faut / don ! / que / Il / fasses : ....
d. soyez / faut / solidaires ! / Il / vous / que : ....
e. l' / je / exemple ! / faut / montre / Il / que : ....

Compréhension des écrits

5 Vous allez sur le site de la Croix-Rouge.

croix-rouge
NOS BÉNÉVOLES ONT BESOIN DE VOUS !

Depuis plus de 150 ans, la Croix-Rouge française lutte contre toutes les formes de souffrance et accompagne les personnes les plus fragiles. Grâce à nos 56 000 bénévoles qui interviennent partout en France, nous pouvons agir efficacement sur le terrain : tous les jours, ils aident les sans-abris, les familles démunies, les personnes âgées isolées, les victimes d'accidents de la route ou les personnes sinistrées après une catastrophe… Mais le matériel, les déplacements et les interventions de nos bénévoles nécessitent des fonds importants et nous avons besoin de vous pour continuer nos actions !

UN DON = UNE ACTION !

▶ Avec 60 €, vous participez à l'achat d'une trousse de secours permettant à nos secouristes bénévoles d'intervenir avec efficacité et précision.
▶ Avec 90 €, vous permettez aux bénévoles d'aller à la rencontre de 18 personnes sans-abris pour recréer un lien social et distribuer une aide alimentaire et matérielle d'urgence.
▶ Avec 120 €, vous participez à l'achat d'une ambulance équipée du matériel nécessaire pour les premiers secours. Vous permettez ainsi à nos secouristes d'intervenir rapidement dans les situations d'urgence

Pour envoyer un chèque :
Croix-Rouge française
75678 Paris cedex 14

Pour faire un don en ligne, cliquez ici :
JE DONNE

Alors, n'hésitez pas et soutenez les actions de nos bénévoles ! Faites un don !

D'après croix-rouge.fr

a. La Croix-Rouge française existe depuis combien de temps ?
....

b. À qui les bénévoles viennent en aide quand ils interviennent ?
 1. Aux personnes démunies. ☐
 2. Aux réfugiés. ☐
 3. Aux jeunes isolés. ☐

c. Comment on peut faire un don ?
 ▶ ....
 ▶ ....

d. Quand on fait un don de 120 € :
 1. on achète une ambulance équipée pour les secours. ☐
 2. on permet aux bénévoles de distribuer de la nourriture. ☐
 3. on contribue à l'achat de matériel d'urgence. ☐

Production écrite

6 Selon une enquête, les gens donnent moins d'argent aux associations humanitaires qu'il y a cinq ans. Qu'en pensez-vous ? Est-ce que votre famille fait des dons (d'argent, d'objet, de nourriture etc.) à ce type d'organisation ? Pourquoi ? (80 mots environ.)

Unité 4 — 4. Partageons la vie des autres

Compréhension de l'oral

1 Cochez la bonne réponse.

a. Vrai ou faux ?

	Vrai	Faux
1. SVE signifie « service volontaire étudiant ».	☐	☐
2. Le SVE s'adresse aux jeunes de 17 à 25 ans.	☐	☐
3. Grâce au SVE, on peut aider des gens et découvrir leur culture.	☐	☐

b. Combien de temps dure une mission ? Cochez la bonne réponse.
1. Entre deux mois et un an. ☐
2. Entre deux et dix mois. ☐
3. Entre deux semaines et deux mois. ☐

c. Qu'est-ce que Sébastien devait faire en Italie ?
1. S'occuper de l'accueil d'une maison de quartier. ☐
2. Animer des activités pour enfants dans une maison de quartier. ☐
3. Gérer la communication d'une maison de quartier. ☐

d. Qu'est-ce qu'il a appris sur lui-même ?
1. Il s'intéresse à la langue italienne. ☐
2. Il s'intéresse au multiculturalisme. ☐
3. Il s'intéresse aux associations humanitaires. ☐

2 Répondez aux questions.
1. Combien de pays sont inscrits dans ce programme ? ....
2. Qu'est-ce qui est le plus important pour partir en SVE ? ....

Lexique

3 Complétez le texte avec les mots de la liste.

caritative – parrainer – filleul – l'impression – mode de vie

> Quand j'ai fait mon premier voyage au Vietnam, j'ai été très touché par la générosité de la population vietnamienne et par son .... très différent du nôtre en France. J'ai voulu aider la population, en particulier les enfants. J'ai contacté l'association .... « les Enfants du soleil » en France et j'ai décidé de .... le petit Nam. Quelques mois après, j'ai rendu visite à mon .... : c'était très émouvant ! Nous nous appelons souvent et, aujourd'hui, j'ai .... d'avoir deux familles : une en France et une autre au Vietnam.

Grammaire

4 Complétez avec les pronoms possessifs.

a. Mon séjour à l'étranger s'est très bien passé. Et toi ? Comment s'est passé .... ?
b. Vos photos du Sri Lanka sont magnifiques ! Vous avez vu .... ? Je les ai prises en Islande !
c. L'un des touristes a perdu son téléphone et l'autre a oublié .... dans l'avion.
d. Nous avons trouvé vos plats beaucoup plus épicés que .... !
e. Vous connaissez bien ma culture et moi, j'aimerais connaître un peu plus ....

Compréhension des écrits

5 Lisez le texte, puis répondez aux questions.

LE CHANTIER INTERNATIONAL : ICI OU LÀ-BAS, C'EST LA MÊME CHOSE !

En France ou à l'étranger, le chantier réunit pendant deux ou trois semaines un groupe de 10 à 20 bénévoles qui viennent de tous les pays. Ils sont très différents mais vivent ensemble une expérience unique !

Leur objectif n'est pas de porter secours à la population, mais de réaliser en commun un projet utile à la collectivité locale : action sociale, animation, construction, protection de l'environnement… Sur le chantier, tout le monde apporte quelque chose et reçoit quelque chose des autres.

« Le chantier, c'est un voyage immobile : tu ne bouges pas physiquement, mais tu voyages parce que tu rencontres des gens très différents et tu découvres une nouvelle façon de voir le monde », explique Jane, animatrice de chantier.

D'après « Le chantier ici ou là-bas, même format », www.cotravaux.org

a. Ces chantiers se déroulent où ?
   1. Seulement en France. ☐
   2. Ailleurs qu'en France. ☐
   3. En France et dans d'autres pays. ☐

b. Qui sont les bénévoles qui participent à ces chantiers ?
   ....

c. Qu'est-ce qui est important pour ces bénévoles ?
   1. Agir collectivement. ☐
   2. Sauver une population. ☐
   3. Faire des voyages. ☐

d. Combien de temps dure un chantier ?
   ....

e. Quel type de projet les bénévoles peuvent réaliser ?
   1. Soigner des malades. ☐
   2. Distribuer des aliments. ☐
   3. Bâtir une maison. ☐

f. Selon Jane, pourquoi c'est un « voyage immobile » ?
   1. Parce que les bénévoles restent longtemps dans un pays étranger. ☐
   2. Parce qu'on rencontre des gens différents sans bouger. ☐
   3. Parce que certains bénévoles refusent de rencontrer les autres. ☐

Production écrite

6 Vous voyez cette annonce sur Internet : « Vous avez entre 15 et 20 ans, vous souhaitez voyager, découvrir un autre pays, une autre culture et vous sentir utile ? Devenez bénévole à l'étranger ! Envoyez-nous un mail et présentez votre motivation et vos projets. » Vous répondez à l'annonce. (80 mots environ.)

Devenir bénévole

Unité 4 — Grammaire

1 Complétez la grille de mots croisés avec les verbes conjugués aux temps demandés.

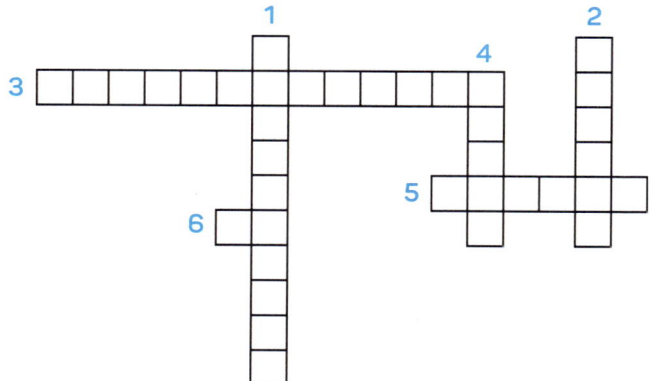

Horizontal
3. Communiquer, 1re personne du pluriel au subjonctif.
5. Faire, 3e personne du singulier au conditionnel présent.
6. Aller, 2e personne du singulier à l'impératif.

Vertical
1. Aimer, 3e personne du pluriel au conditionnel présent.
2. Envoyer, 2e personne du singulier à l'impératif.
4. Être, 2e personne du pluriel à l'impératif.

2 Associez les débuts et les fins de phrases.

a. Il faut que…
b. Il faudrait que tu…
c. Lisez…
d. Les gens…
e. Aurélien aimerait…

1. le témoignage de ce bénévole !
2. fasses un don en ligne.
3. aider les jeunes du quartier.
4. nous nous engagions !
5. devraient penser à l'environnement !

3 Transformez les phrases comme dans les exemples.

Exemple : Il faut réagir. (Tu)
→ Il faut *que tu réagisses !*

a. Il faut aider les personnes démunies ! (Nous)
→ ....
b. Il faut être plus respectueux de l'environnement ! (Les gens)
→ ....
c. Il faut distribuer de la nourriture aux sans-abris. (Cyrille)
→ ....
d. Il faut aller à ce concert de charité ! (Tu)
→ ....
e. Il faut récolter des fonds pour cette association ! (Vous)
→ ....
f. Il faut s'engager en tant que bénévole ! (Je)
→ ....

4 Remettez les mots de ces phrases dans l'ordre.

a. personnes / J' / aider / démunies. / les / aimerais
....

b. bénévoles. / Alicia / devenir / aimeraient / Maria / et
....

c. tes / aimerais / s'engagent. / que / Tu / amis
....

d. aimerions / des / fassent / Nous / les / que / dons. / gens
....

5 Complétez les réponses avec les pronoms possessifs.

a. Ma mission est de distribuer des repas chauds. Et toi ? Quelle est .... ?
b. Ces bénévoles ont besoin de tes compétences parce que .... ne sont pas suffisantes.
c. – Ton association s'appelle « Médecins sans frontières » ?
   – Non, ... s'appelle « Médecins du monde ».
d. Nous vous avons parlé de nos projets, mais quels sont .... ?

6 Associez les débuts et les fins de phrases.

a. J'ai découvert une nouvelle culture...
b. J'aimerais devenir bénévole...
c. L'association ne peut pas mener d'action...
d. Beaucoup d'espèces animales disparaissent...
e. Cette organisation est devenue célèbre...

1. à cause du manque de bénévoles.
2. grâce à ses photos choquantes.
3. parce que je veux me sentir utile.
4. grâce à mon stage à l'étranger.
5. à cause de la pollution.

7 « Ce qui » ou « ce que » ? Cochez la bonne réponse.

	Ce qui	Ce que
a. .... compte, c'est votre motivation.	☐	☐
b. .... vous devriez faire, c'est vous inscrire.	☐	☐
c. .... nous offrons aux gens, c'est notre écoute.	☐	☐
d. .... fait réagir les gens, ce sont les témoignages des enfants.	☐	☐
e. .... tu voudrais changer, c'est le comportement des gens.	☐	☐

8 Conjuguez les verbes entre parenthèses à l'impératif.

a. Vous n'avez plus beaucoup de temps pour faire vos dons. .... (se dépêcher) !
b. Tu as participé à la course contre la faim et tu es fatigué ? .... (se reposer) un peu maintenant !
c. Vous voulez devenir bénévole ? .... (s'inscrire) d'abord sur le site de l'association.
d. Si tu vas au concert de solidarité .... (s'amuser) bien !

Unité 4 — Phonétique

La liaison

1. Quels sons on entend dans les liaisons ? Écoutez et cochez les bonnes réponses. 🎧44
Puis répétez en faisant bien attention aux liaisons

	[z]	[t]
a. Vous habitez ici ?	☐	☐
b. Mon petit ami est bénévole.	☐	☐
c. Je travaille à la Croix-Rouge depuis dix ans.	☐	☐
d. Nous distribuons de la soupe quand il fait froid.	☐	☐

2. Écoutez les phrases suivantes et soulignez les liaisons. Puis répétez les phrases en faisant bien attention aux liaisons. 🎧45

a. Vous êtes bénévole.
b. Tu aimes les animaux ?
c. Ces hommes sont des sans-abris.
d. Je travaille dans un refuge.
e. Nous aimerions vous aider.

3. Les liaisons sont obligatoires ou interdites ? Cochez la bonne réponse. Écoutez pour vérifier. 🎧46

	Obligatoire	Interdite
a. Ils ont besoin de dons.	☐	☐
b. Voici un bénévole motivé et utile.	☐	☐
c. Ils passent de longues heures dans le froid.	☐	☐
d. Ici, des jeunes accueillent les personnes démunies.	☐	☐
e. Ces bénévoles sont des héros !	☐	☐

4. Lisez les phrases suivantes. Soulignez les liaisons obligatoires et écoutez pour vérifier. 🎧47

a. Nous aidons les enfants à faire leurs exercices après l'école.
b. La situation des sans-abris est très difficile en hiver.
c. On a fait un don pour aider l'association.
d. Nous avons découvert vos actions dans une vidéo.
e. Ces hommes ont recueilli des gens chez eux quand il faisait froid.

5. Écoutez les phrases et écrivez-les. Soulignez les liaisons. Lisez-les à haute voix. 🎧48

a. ....
b. ....
c. ....
d. ....
e. ....

6. Écoutez ces phrases et soulignez toutes les liaisons. Puis lisez-le plus vite possible.
a. De temps en temps, nous faisons des dons aux associations qui aident les enfants et les sans-abris.
b. Quand il fait froid, nous accueillons les animaux abandonnés dans un refuge, « un toit en hiver ».
c. Nous aimons parler pendant quelques heures avec notre voisine parce qu'il n'y a personne chez elle.
d. Ce qui est très important, c'est d'avoir des amis !

Lexique

1 Associez les mots et leurs synonymes.
- a. Assistance
- b. Pandémie
- c. Exclusion
- d. Ressource
- e. Impartialité

1. Objectivité, neutralité
2. Rejet, expulsion
3. Aide, soutien
4. Argent, fonds
5. Maladie, épidémie

2 Complétez la grille de mots croisés avec le lexique de l'unité. Aidez-vous des définitions.

Horizontal
3. Idée, principe que défend une association, par exemple.
4. Personne qui donne de l'argent ou des objets pour aider une association.
5. Activité gratuite, action non rémunérée.

Vertical
1. Assurance, conviction, opinion sûre.
2. Personne ou groupe qui n'est associé à aucun autre.
3. Événement très grave.

3 Classez les mots de la liste dans la bonne catégorie.

sûr – s'engager – bénévole – convaincu – donatrice – s'investir

▶ Verbes liés à l'action : ....
▶ Adjectifs liés à l'opinion : ....
▶ Noms de personnes qui aident : ....

4 Retrouvez les mots en vous aidant des définitions et des lettres données.
- a. H __ __ A __ __ __ A __ __ __ : (adjectif ou nom) qui vient en aide aux personnes démunies ou qui souffrent.
- b. F __ __ __ S : (nom) argent nécessaire pour réaliser une action, capital
- c. É __ __ __ E __ __ : (adjectif) que tout le monde voit, qui est sûr, logique
- d. C __ __ F __ __ __ : (nom) combat, lutte, guerre

5 Complétez le texte avec les mots de la liste.

contribuer – démunis – certainement – association – compétence

> ### La Providence a besoin de vous !
>
> Notre .... aide depuis 10 ans les sans-abris et les plus .... Nous cherchons actuellement des bénévoles et aucune .... n'est demandée : il faut simplement être motivé ! Alors, si vous voulez .... à notre combat contre la précarité et l'isolement, rejoignez-nous ! Accueil, distribution de repas, informatique… Vous trouverez .... votre place dans notre équipe de bénévoles !

Unité 4 — Apprendre à apprendre

Exprimer son opinion

1. Je demande l'opinion de quelqu'un.

Complétez les phrases avec les mots de la liste.

avis – opinion – selon – d'accord – penses

1. Quelle est votre .... sur le sujet ?
2. Qu'est-ce que tu en .... ?
3. .... toi, je devrais faire du bénévolat ?
4. À ton ...., on a récolté assez de fonds ?
5. Nous pourrions nous engager dans cette association ! Vous êtes .... avec moi ?

2. J'exprime mon accord, un doute, un désaccord.

a. Classez les expressions de la liste dans la bonne catégorie.

C'est vrai ! – Non, au contraire ! – C'est aussi mon avis. – Je ne suis pas certain que... – Pas du tout ! – Je ne suis pas sûr que...

▶ L'accord : ....
▶ Le doute ....
▶ Le désaccord ....

b. Employez le conditionnel présent pour exprimer l'incertitude. Aidez-vous de l'exemple

« Il faut aider les victimes de cette catastrophe naturelle. Nous devons mener une campagne pour sensibiliser les gens. Nous pouvons aussi récolter des fonds grâce aux réseaux sociaux. D'autres jeunes veulent peut-être se mobiliser aussi ? »

Selon moi, *il faudrait aider* les victimes de cette catastrophe naturelle. Nous ....
....
....
....

3. J'exprime la certitude.

Remettez les mots des phrases suivantes dans l'ordre.

a. changer / Tu / certainement / vie ! / vas / leur ....
b. évidence, / besoin / De / ils / aide. / ont / toute / d' ....
c. être / Je / que / utile ! / tu / suis / peux / sûr ....
d. est / motivation / Il / que / importante ! / est / la / évident ....

4. J'utilise des expressions appropriées.

Complétez le texte avec les mots manquants.

« Je m'appelle Sara, j'ai 19 ans et je suis bénévole dans une association. Ce n'est pas facile tous les jours : .... moi, il faut être très motivé quand on s'engage ! Je .... qu'il faut bien communiquer sur les actions de l'association. On peut utiliser les réseaux sociaux par exemple. Je suis .... que c'est le moyen de communication le plus pratique ! Et vous ? Vous êtes .... avec moi ? Quelle est votre .... sur le sujet ? »

5. J'exprime mon désaccord.

Aujourd'hui, les associations n'ont pas assez de bénévoles. Selon vous, est-ce qu'il faudrait que le bénévolat devienne obligatoire ?

Mettez-vous à deux. Chacun défend une opinion différente oralement. Utilisez le maximum d'expressions de l'opinion

Portfolio

	Oui	Pas complètement	Pas encore
Langue			
Je peux exprimer la volonté et le souhait.			
Je peux insister sur une information.			
Je peux exprimer la certitude.			
Je peux exprimer la politesse et l'incertitude avec le conditionnel.			
Je peux exprimer l'obligation.			
Je peux exprimer la cause avec *à cause de, grâce à, parce que*.			
Grammaire			
Je peux utiliser les structures « *j'aimerais* + infinitif » et « *j'aimerais que* + subjonctif »			
Je peux utiliser la structure « *ce qui/que … c'est…* ».			
Je peux utiliser le conditionnel présent.			
Je peux utiliser la structure « *Il faut que* + subjonctif ».			
Je sais conjuguer les verbes pronominaux à l'impératif.			
Je sais utiliser les pronoms possessifs.			
Lexique			
Je connais du lexique relatif au bénévolat.			
Je connais du lexique relatif aux associations humanitaires.			
Je connais bien le lexique relatif aux catastrophes.			
Je connais du lexique relatif à l'engagement et à la mobilisation.			
Phonétique			
J'entends bien les liaisons.			
Je sais faire les liaisons.			
Civilisation			
Je connais de grandes associations humanitaires.			
Je connais différents moyens de communication utilisés par les associations humanitaires.			
Je connais plusieurs actions caritatives menées par des jeunes.			

Unité 4 — Entraînement au DELF B1

Compréhension de l'oral

Vous allez entendre trois documents sonores, correspondant à trois exercices.
Pour le premier et le deuxième document, vous aurez :
- *30 secondes pour lire les questions ;*
- *une première écoute, puis 30 secondes de pause pour commencer à répondre aux questions*
- *une seconde écoute, puis 1 minute de pause pour compléter vos réponses.*

Exercice 1

1. Comment s'appelle l'association de Maxime ?
   ....
2. Elle aide qui ?
   ....
3. Que fait cette association, par exemple ?
   a. Elle distribue de la nourriture. ☐
   b. Elle fait du soutien scolaire. ☐
   c. Elle propose des activités. ☐
4. Qu'est-ce que Maxime aime bien faire ?
   a. Soigner les gens malades. ☐
   b. Donner de son temps pour une cause utile. ☐
   c. Faire rire les gens qui s'ennuient. ☐
5. Comment Laura réagit ?
   a. Elle est d'accord avec Maxime. ☐
   b. Elle pense que c'est triste. ☐
   c. Cela lui fait très peur. ☐

Exercice 2

1. Quel type de tourisme présente le document ?
   a. Le tourisme de masse. ☐
   b. Le tourisme équitable. ☐
   c. Le tourisme humanitaire. ☐
2. Quelle est la particularité de ces voyages ?
   a. Ils participent au développement du pays qu'on visite. ☐
   b. Ils coûtent 5 % moins cher qu'un voyage classique. ☐
   c. Ils sont organisés par des communautés de voyageurs. ☐
3. Il s'est développé depuis combien de temps ?
   ....
4. Que veulent faire les gens qui choisissent cette façon de voyager ?
   a. Sauver des victimes de catastrophes naturelles. ☐
   b. Rencontrer et découvrir les populations différentes. ☐
   c. Se reposer dans un environnement naturel. ☐
5. Combien de voyageurs choisissent ce type de tourisme chaque année ? ....

Exercice 3

1. « Un bénévole chez moi » met en contact des bénévoles et :
   a. des personnes malades. ☐
   b. des personnes seules. ☐
   c. des personnes pauvres. ☐
2. Qu'est-ce que les bénévoles peuvent proposer ?
   a. Des services. ☐
   b. Des soins. ☐
   c. De la compagnie. ☐
3. Comment on peut trouver les bénévoles de cette association ?
   a. Grâce à un réseau social. ☐
   b. Grâce à une liste sur le site de l'association. ☐
   c. Grâce à la géolocalisation. ☐
4. Où les bénévoles et les personnes se rencontrent ?
   ....
5. Il y a combien de bénévoles dans l'association au moment de l'entretien ? ....

Compréhension des écrits

Lisez les textes puis répondez aux questions en cochant (☒) la bonne réponse, ou en écrivant l'information demandée.

Exercice 4

Rencontre avec une jeune bénévole

Est-ce que tu peux te présenter ?
Je m'appelle Johana, j'ai 19 ans. Je fais du bénévolat chez ZY'VA à Nanterre, à côté de Paris.

Pourquoi tu t'es engagée dans le bénévolat ?
Je me suis engagée chez ZY'VA parce que c'est une association utile pour les jeunes. Je pense qu'on peut faire des progrès et s'épanouir grâce à l'école et à la culture.

Que fais-tu chez ZY'VA ?
J'aide des enfants à faire leurs devoirs. Mais ce n'est pas tout ! Il y a beaucoup d'échanges avec les élèves. Par exemple, certains enfants veulent me parler de leur journée, de ce qui ne s'est pas bien passé, de leurs difficultés, etc. Je vois les enfants une fois par semaine. C'est l'idéal : je peux vraiment les voir progresser !

Est-ce qu'il faut avoir des compétences particulières ?
Non. Il faut simplement être très patient parce que les enfants ne travaillent pas au même rythme. Bien sûr, il faut aussi être passionné et motivé.

Qu'est-ce que cela t'apporte ? Qu'est-ce que cela t'a appris ?
C'est aussi une expérience vraiment intéressante parce que cela me donne le sentiment d'être utile. En plus, c'est très agréable de travailler avec des enfants. Ils sont spontanés et ils ont le sourire tout le temps !

D'après jeunebenevole.org.

1. Elle travaille dans l'association à quelle fréquence ?
....

2. Pourquoi Johana dit qu'il faut être patient ?
....

3. Grâce à cette expérience, Johana :
  a. a le sourire tout le temps. ☐
  b. se sent utile. ☐
  c. a plus confiance en elle. ☐

Exercice 5

LES JARDINS PARTAGÉS

Un jardin partagé ou « communautaire » est un jardin conçu, construit et cultivé collectivement par les habitants d'un quartier ou d'un village, regroupés en association. Lieux de vie ouverts sur le quartier, ces jardins se fondent sur des valeurs de solidarité, de convivialité, de lien et de partage entre les générations et les cultures. Un jardin partagé est fait pour tous : petits et grands, étudiants, salariés ou retraités.

Vous n'avez pas besoin de savoir jardiner pour participer : le jardinage s'apprend par l'échange avec des jardiniers plus expérimentés, cela permet de créer des liens. Chacun cultive selon ses disponibilités, et les produits sont partagés entre les jardiniers ou distribués aux gens démunis. Les jardiniers choisissent des végétaux adaptés au sol et au climat et évitent les engrais chimiques. De nombreux jardins pédagogiques sensibilisent les enfants et les adultes à des techniques agricoles respectueuses de l'environnement et au développement durable. Ces jardins peuvent aussi favoriser l'insertion professionnelle. Ils sont alors cultivés collectivement par des personnes en difficultés, des bénévoles et une

équipe de travailleurs sociaux. Les associations qui s'occupent de ces jardins y organisent régulièrement des animations publiques : repas de quartier, spectacles, échanges de plantes, débats...

D'après jeunebenevole.org, « Les jardins partagés »

1. Qu'est-ce qu'un jardin partagé ?
  a. Un espace cultivé par une grande famille. ☐
  b. Un lieu de partage entre des gens différents. ☐
  c. Un terrain où vivent plusieurs générations. ☐

2. À qui on peut distribuer les produits de ces jardins ?
....

3. Qu'est-ce que les jardins partagés peuvent permettre ?
  a. L'entrée dans le monde du travail. ☐
  b. La formation de futurs jardiniers. ☐
  c. Des activités physiques pour les malades. ☐

4. À quoi on peut régulièrement participer dans ces lieux ?
....

Unité 4

Production écrite
Exercice 6
De nombreux jeunes Français font du bénévolat ou partent pour des missions humanitaires à l'étranger. Ils pensent que c'est important de s'engager et de se sentir utile. Quelle est votre opinion sur ce sujet ? (160 mots environ.)

Production orale
Exercice 7
Exercice en interaction
Vous jouez le rôle qui vous est indiqué sur le document que vous avez choisi parmi les deux tirés au sort.

Sujet 1
Vous êtes en vacances chez un ami en France. Une compétition sportive est organisée pour récolter des fonds et aider les victimes d'une catastrophe naturelle. Vous proposez à votre ami de participer parce que c'est important d'aider les autres.

Sujet 2
Vous êtes en France et vous souhaitez être bénévole dans une association qui accueille des animaux abandonnés. Vous discutez avec le directeur de l'association et vous lui parlez de votre motivation.

Exercice 8
Expression d'un point de vue
Vous dégagez le thème soulevé par le document et vous présentez votre opinion sous la forme d'un exposé personnel de 3 minutes environ. L'examinateur pourra vous poser quelques questions.

Sujet 1 *L'importance des réseaux sociaux pour les associations humanitaires*
Aujourd'hui, plus de trois milliards de personnes utilisent des réseaux sociaux et certaines sont des victimes de catastrophes naturelles ou de conflits armés. De plus en plus de personnes touchées par une crise se tournent vers ces plateformes pour trouver et partager des informations vitales. Si les associations humanitaires veulent mieux informer le public et agir de façon plus efficace, il faut utiliser Internet : Facebook et Twitter sont devenus des éléments essentiels de l'action humanitaire. Ces plateformes permettent en effet aux associations de mieux organiser les opérations de secours et de diffuser en temps réel des messages essentiels. Plus important encore : les populations touchées par les catastrophes utilisent les réseaux sociaux pour reprendre contact avec leur famille, demander de l'aide et formuler des commentaires sur l'assistance reçue.

Unité 5 — SCANDALES ?

- Leçon 1 .... p. 78-79
- Leçon 2 .... p. 80-81
- Leçon 3 .... p. 82-83
- Leçon 4 .... p. 84-85
- Grammaire .... p. 86-87
- Phonétique .... p. 88
- Lexique .... p. 89
- Apprendre à apprendre .... p. 90
- Portfolio .... p. 91
- Entraînement au DELF B1 .... p. 92-94

Unité 5 — 1. Soyons vigilants

Compréhension de l'oral 🎧 53

1 Qui peut utiliser cette application ?

....

2 Cochez la bonne réponse.

a. Grâce à cette application, qu'est-ce qu'on peut signaler par exemple ?
  1. Un article trop critique. ☐
  2. Un photomontage. ☐
  3. Une photo violente. ☐

b. Qu'est-ce qu'il faut faire ?
  1. Bloquer l'utilisateur. ☐
  2. Envoyer un mail. ☐
  3. Cliquer sur un lien. ☐

c. Est-ce que l'application fonctionne déjà ?
  1. Oui, mais en anglais uniquement. ☐
  2. Non, elle fonctionnera dans quelques jours. ☐
  3. Oui, elle fonctionne déjà dans toutes les langues. ☐

d. Quand un article est signalé comme « faux », qui vérifie l'information ?
  1. Les utilisateurs. ☐
  2. Les médias. ☐
  3. Des scientifiques. ☐

Lexique

3 Retrouvez cinq mots liés à la leçon. Les mots sont cachés horizontalement, de gauche à droite (→).

P	O	L	E	M	I	Q	U	E	A	R	R	I	O
U	L	S	T	L	E	U	A	R	A	G	Y	U	S
R	U	M	E	U	R	A	C	F	X	E	C	I	U
G	A	W	V	T	A	E	F	X	C	A	I	X	P
J	U	S	E	K	I	P	X	N	S	E	N	G	A
I	N	F	O	R	M	A	T	I	O	N	H	U	D
H	Y	U	O	U	E	D	E	X	A	E	M	E	C
J	D	T	S	I	G	J	E	J	B	R	I	F	I
L	I	P	H	O	T	O	M	O	N	T	A	G	E
W	A	U	T	H	E	N	T	I	C	I	T	E	L
Y	N	X	C	E	C	D	A	X	O	X	S	U	K
H	A	R	V	R	I	O	M	I	A	F	E	T	Z
D	F	I	V	K	P	A	D	I	L	I	A	O	P
T	Y	L	D	T	A	W	I	T	H	B	G	F	O

4 Mettez les lettres dans l'ordre pour retrouver quatre verbes de la leçon.

a. F U S F I D E R : ....
b. Q E R T A U R : ....
c. Y E R R A L E : ....
d. L U R P I B E : ....

Grammaire

5 Transformez les phrases comme dans l'exemple.

Exemple : : Je m'informe / lire des articles sur Internet. → *Je m'informe en lisant des articles sur Internet.*

a. Il provoque la polémique / critiquer ce comique très populaire.
  → ....

b. Je réalise un photomontage / mélanger des images tirées de différents sites.
  → ....

c. Nous chassons les fausses informations / vérifier l'authenticité des articles.
  → ....

d. Les gens découvrent l'actualité / faire des recherches sur Internet.
  → ....

Compréhension des écrits

6 Lisez cet article sur une « information » qui a fait le buzz.

MÉDITERRANÉE : MOINS DE TOURISTES... À CAUSE DES REQUINS !

Depuis plusieurs semaines, les réseaux sociaux parlent d'étranges attaques de requins dans le sud de la France. De fausses informations relayées par le site Actualites.co, qui ont des conséquences dramatiques pour les commerçants.

Le premier article de ce type a été publié il y a un peu plus d'un mois : « *Un requin est apparu sur les bords de plage de Nice et a attaqué un nageur* », explique l'article, aujourd'hui partagé 43 718 fois sur Facebook. Quelques jours plus tard, c'est la mort d'un jeune de 21 ans attaqué par un requin à Cannes qui a été relayée sur le site Actualites.co et partagée 71 492 fois.

Seulement voilà : c'est faux ! Malheureusement, la rumeur a circulé dans toute la région : « *À Nice, tout le monde ne parlait que de ça !* » confie Guillaume qui travaille dans un café de la ville. « *Les touristes venaient me voir, en me disant qu'ils avaient peur des attaques de requins et ne voulaient plus se baigner ! Depuis le début de ces rumeurs, il y a beaucoup moins de touristes !* »

Le maire de Cannes a été obligée de publier un message sur le site de la ville : « *C'est une fausse information et une très mauvaise blague.* » Sur la page du site d'Actualites.co, on prévient cependant que « *ce sont des informations humoristiques et fictives qui ne doivent pas être prises au sérieux ou servir de source d'information.* »

D'après *20 minutes*, « Méditerranée : Ces fausses attaques de requins qui font du tort au tourisme », 4 juin 2015.

a. La rumeur a commencé quand ?
....

b. Que dit la rumeur ?
 1. Des surfeurs ont été attaqués à Marseille. ☐
 2. On a vu un grand requin dans la Seine. ☐
 3. Il y a eu des attaques de requins dans le Sud. ☐

c. Qui sont les vraies victimes de ces rumeurs ?
....

d. Qu'est-ce qu'on a dû faire ?
 1. Actualité.co a dû présenter des excuses. ☐
 2. Le maire a dû rassurer les habitants. ☐
 3. Le maire a dû publier un message sur Facebook. ☐

e. Qu'est-ce que le site Actualité.co ?
 1. un site d'information sérieux. ☐
 2. un site d'actualité scientifique. ☐
 3. un site humoristique. ☐

Production écrite

7 Est-ce que vous pensez qu'on peut vraiment s'informer grâce à Internet ? Faites-vous confiance à tous les sites que vous consultez ? Est-ce que vous vérifiez toujours l'authenticité des articles que vous lisez ?

Unité 5 — 2. Parlons art

Compréhension de l'oral 🎧 54

1 Répondez aux questions.
a. Dans quel pays les cochons grandissent ? ....
b. Ils sont tatoués à quel âge ? ....

2 Cochez la bonne réponse.
a. Où les cochons sont exposés ?
  1. Dans des fermes ☐
  2. Dans des musées ☐
  3. Dans des magasins de luxe ☐
b. Qui critique ces expositions ?
  1. Des artistes ☐
  2. Des agriculteurs ☐
  3. Des associations animales ☐
c. Qu'est-ce que les tatouages de Wim Delvoye représentent ?
  1. des dessins asiatiques ☐
  2. des formes géométriques ☐
  3. des codes mystérieux ☐
d. Pourquoi l'artiste a réalisé ces œuvres d'art ?
  1. Il veut que les gens deviennent végétariens. ☐
  2. Il veut critiquer la société de consommation. ☐
  3. Il veut que les gens se posent des questions sur l'art. ☐

Lexique

3 Complétez la grille de mots croisés avec le lexique de l'unité. Aidez-vous des définitions.

Horizontal
3. Tracer une image avec un crayon ou un stylo.
5. Qualité, prix de quelque chose.
6. Mouvement d'art urbain.

Vertical
1. Personne qui réalise des œuvres.
2. Ce qu'un artiste réalise, invente.
4. Présentation au public.

Grammaire

4 Remplacez les mots en gras par *celui-là, celle-là, ceux-là* ou *celles-là*.
a. **Ces personnes** sont choquées par le street art et pensent que c'est du vandalisme mais .... disent que c'est une expression artistique urbaine.
b. « Banksy a réalisé **ce dessin** ? » « Non, il a réalisé .... »
c. Je trouve **cette œuvre** trop choquante. Je préfère ....
d. **Ces artistes** américains sont plus iconoclastes que ....
e. **Ces peintures** ont été très appréciées, mais .... ont provoqué un scandale.

Compréhension des écrits

5 Lisez cet article sur des selfies… étonnants !

Une polémique provoquée par les selfies d'un singe !

L'histoire a commencé en 2011. Le photographe David Slater faisait un reportage sur les animaux de l'île indonésienne de Sulawesi et prenait des photos de singes quand l'un d'eux lui a volé son appareil. L'animal, surnommé Naruto, a pris une centaine de « selfies » très drôles et surprenants. Quelques photos que le singe a prises de lui-même sont devenues très célèbres dans le monde entier : les images de Naruto ont été publiées plus de 50 millions de fois sur les réseaux sociaux ! Une photo du singe a ensuite été publiée dans le livre de David Slater sur les animaux sauvages. Mais cette publication a provoqué une polémique : selon une association de défense des animaux, le véritable auteur de la photographie était… le singe ! L'argent gagné grâce aux ventes des photos appartenait donc à Naruto ! Les membres de l'association ont alors décidé de faire un procès au photographe : ils ont voulu défendre les droits du singe, un animal intelligent et sensible. Finalement, après deux ans de procès, tout le monde a réussi à trouver un accord et David Slater a accepté de donner 25 % des bénéfices liés à la vente des photos de Naruto à une association de protection des singes indonésiens.

D'après *Sciences et Avenir*, « Naruto contre David Slater », 15 sepembre 2017.

a. Que faisait David Slater en 2011 ?
   1. Un voyage touristique en Indonésie. ☐
   2. Des selfies sur l'île de Sulawesi. ☐
   3. Un reportage sur les animaux. ☐

b. Qu'est-ce que Naruto a fait ?
   1. Il a effacé les photos de David Slater. ☐
   2. Il a pris des photos avec l'appareil de David Slater. ☐
   3. Il a volé les photos de David Slater. ☐

c. De quoi parle le livre de David Slater ?
   ....

d. Que dit l'association de défense des animaux ?
   1. Naruto est l'auteur de la photo et il faut le payer. ☐
   2. Il faut une autorisation pour photographier les animaux. ☐
   3. Les photos de Naruto lui appartiennent. ☐

e. Combien de temps a duré le procès ? ....

Production écrite

6 Est-ce que les artistes qui réalisent des œuvres choquantes doivent être condamnés ? Peut-on faire de l'art sans choquer ? (80 mots environ.)

Unité 5 — 3. Résistons

Compréhension de l'oral 🎧 55

1 Répondez aux questions.
   a. Selon des spécialistes, il n'y aura plus de presse papier en quelle année ? ....
   b. D'après Pauline, quel type de journal n'est pas touché par la crise ? ....

2 Cochez la bonne réponse.
   a. Pourquoi la presse papier est en crise ?
      1. Parce que les gens préfèrent s'informer sur Internet. ☐
      2. Parce que la presse papier est devenue trop chère. ☐
      3. Parce que les gens ne font plus confiance aux journalistes. ☐
   b. Pauline affirme que :
      1. 71 % des Français achètent la presse papier tous les jours. ☐
      2. 71 % des Français lisent des articles sur le Internet une fois par semaine. ☐
      3. 71 % des Français s'informent grâce à Facebook. ☐
   c. Selon cette spécialiste, on lira quel type de presse demain ?
      1. Une presse totalement digitale. ☐
      2. Une presse numérique mais aussi papier. ☐
      3. Une presse papier en majorité. ☐
   d. Pour Pauline, qu'est-ce que le numérique représente pour la presse écrite ?
      1. Une solution. ☐
      2. Une menace. ☐
      3. Un remplaçant. ☐

Lexique

3 Retrouvez les mots en vous aidant des définitions et des lettres données.
   a. É _ _ _ N : surface d'un appareil où apparaissent des images et des messages
   b. P _ E _ _ E : ensemble des médias écrits ou numériques qui diffusent l'information
   c. D _ _ _ T : discussion, désaccord sur un sujet
   d. A _ _ I _ _ _ : texte rédigé par un journaliste

4 Remettez les verbes et les expressions de la leçon dans l'ordre.
   a. R I P A R E : ....
   b. T E R I R I C U Q : ....
   c. R A F I E   F O C A N I N C E : ....

Grammaire

5 Mettez les phrases dans l'ordre.
   a. le / Facebook / plus / réseau / le / connu. / est / social
      → ....
   b. défi / le / dangereux. / Le / plus / A4 Challenge / le / est
      → ....
   c. le / C' / débat / moins / le / intéressant. / est
      → ....
   d. moins / Jason Murdoc / sérieux. / journaliste / le / est / le
      → ....

Compréhension des écrits

6 Lisez l'article.

Brut, le nouveau média des jeunes

Vous connaissez *Brut* ? C'est un nouveau média qui a été créé par Renaud Le Van Kim et Guillaume Lacroix en 2016. Il est entièrement numérique et il n'est présent que sur les réseaux sociaux. « *Actuellement, les gens font moins confiance aux médias traditionnels et s'informent beaucoup grâce à Internet. Malheureusement, les fausses informations et les rumeurs sont nombreuses sur les sites. Notre objectif est d'offrir aux jeunes des informations authentiques pour comprendre l'actualité et la politique de façon moderne, sans suivre l'actualité comme les autres médias* », analyse Renaud Le Van Kim.

L'originalité de *Brut* ? « *Nous proposons des programmes variés : des informations en direct, des reportages décalés, des émissions parodiques… Et cela plaît aux jeunes : 80 % de nos fans sur Facebook ont moins de 35 ans. De plus, nos vidéos de moins de deux minutes sont particulièrement adaptées aux habitudes des utilisateurs de smartphones* », explique l'équipe.

L'autre point fort de *Brut* ? La liberté et le courage de ses journalistes : « *Ils ne restent pas dans un studio pour enregistrer leur reportage ! Pendant les dernières manifestations, qui ont été très violentes, les journalistes de Brut étaient sur le terrain, en face de la police ! Nos fans ont pu voir tout ce qui se passait en direct.* » Chaque jour, Brut publie une dizaine de vidéos sur les réseaux sociaux. Et c'est un succès : certaines ont été vues plus de 100 millions de fois !

D'après *Télérama*, « Brut, le média en ligne qui part à la recherche des jeunes », 21 novembre 2016

a. Qu'est-ce que *Brut* ?
  1. Une émission de télé. ☐
  2. Un média numérique. ☐
  3. Une nouvelle chaîne de télévision. ☐

b. Comment l'article décrit *Brut* ?
  1. Les émissions de *Brut* sont violentes. ☐
  2. Les vidéos de *Brut* sont réalisées dans des studios. ☐
  3. *Brut* présente l'actualité en direct. ☐

c. Où peut-on voir des vidéos de *Brut* ?
....

d. Qu'est-ce que *Brut* propose ?
  1. des informations authentiques. ☐
  2. des vidéos 24 heures sur 24. ☐
  3. des reportages réalisés par des jeunes. ☐

c. *Brut* plaît surtout aux personnes de quel âge ?
....

Production écrite

7 Vous trouvez A4 Challenge, le nouveau défi minceur, dangereux et scandaleux. Vous rédigez une pétition pour dénoncer ce phénomène.

Unité 5 — 4. Exprimons nos sentiments

Compréhension de l'oral 🎧 56

1 Répondez aux questions.

1. Combien de temps le chalenge a duré ?
....
2. Pourquoi Juan n'a pas réussi le challenge ?
....

2 Cochez la bonne réponse.

a. Selon le document, que disent les spécialistes ?
  1. Les jeunes sont « accros » aux réseaux sociaux. ☐
  2. Le téléphone est dangereux pour la santé. ☐
  3. Les adolescents ne peuvent pas se séparer de leur téléphone. ☐

b. Quel était l'objectif du chalenge ?
  1. Aider les jeunes à voir qu'il y a un problème. ☐
  2. Aider les jeunes à se séparer de leur téléphone. ☐
  3. Aider les jeunes à moins utiliser les réseaux sociaux. ☐

c. Qu'est-ce que la lycéenne interrogée dit de cette expérience ?
  1. Qu'elle utilise beaucoup son téléphone et qu'elle n'a pas réussi. ☐
  2. Qu'elle ne va pas beaucoup sur les réseaux sociaux et que c'était facile. ☐
  3. Qu'elle utilise beaucoup son téléphone mais qu'elle a réussi. ☐

Grammaire

3 Conjuguez les verbes au subjonctif.

a. Nous regrettons que vous .... (avoir) accès à nos photos.
b. Je suis déçu que Daniel .... (ne pas vouloir) pas participer à l'expérience.
c. Tu es contente que tes parents .... (ne pas pouvoir) aller sur ton compte Instagram.
d. Lucia et Valentina ont peur que tu .... (être) dépendant de ton téléphone.
e. Andrea regrette qu'il .... (falloir) éteindre son smartphone en entrant en classe.

4 Associez le début et la fin des phrases.

a. J'ai reçu un message...
b. C'est un réseau social sans...
c. Tu as publié une vidéo dans...
d. Les amis avec...
e. Voilà les applications à cause...

1. desquelles les jeunes deviennent accros à leur téléphone !
2. lesquels j'ai partagé mes photos sont dans ma classe.
3. laquelle on voit tes parents !
4. lequel tu ne peux pas communiquer.
5. auquel je dois répondre.

Compréhension des écrits

5 Lisez le texte suivant et répondez aux questions.

ATTENTION À LA « NOMOPHOBIE » !

Aujourd'hui, 75 % de la population mondiale possède au minimum un téléphone mobile. Nous sommes de plus en plus connectés ! Mais ces nouvelles technologies sont aussi la cause de nouvelles maladies, comme la « nomophobie », c'est-à-dire la peur d'être séparé de son téléphone. Les signes caractéristiques de cette dépendance sont une utilisation permanente de son appareil et l'apparition d'un sentiment d'angoisse quand on ne peut pas l'utiliser.

C'est le cas d'Elena qui a 17 ans et qui appartient à une génération connectée en permanence : « *J'ai toujours mon portable dans ma poche ou à proximité.* » Elle arrive à se passer

de son téléphone pendant quelques heures, mais elle se sent mal quand il ne fonctionne pas. Elle appelle ses amis entre deux et trois heures par jour et envoie un peu plus d'une centaine de SMS. « *C'est normal pour les jeunes de ma génération.* »

Serge Benoist, psychiatre, explique la relation entre les jeunes et leurs smartphones : « *Grâce au téléphone portable, ils peuvent exprimer leurs sentiments quand ils veulent. Ce n'est pas toujours possible dans la vie réelle ! Les jeunes ont aussi un besoin permanent d'être en relation avec les autres et ont très peur de se sentir seuls. Quand une personne est "nomophobe", cette dépendance est très forte et les angoisses peuvent s'aggraver avec, par exemple, une accélération des battements du cœur... Dans ce cas, il est conseillé de consulter un spécialiste.* »

D'après *France Culture*, « Je me sens en insécurité sans mon téléphone », 30 décembre 2012.

a. De quel phénomène parle le début de l'article ?
   1. Tous les jeunes ont un smartphone. ☐
   2. La majorité des gens ont un téléphone portable. ☐
   3. Nous sommes tous connectés en permanence. ☐

b. Que dit le texte sur la nomophobie ?
   1. Elle est causée par les nouvelles technologies. ☐
   2. Elle ne touche que les jeunes. ☐
   3. Elle signifie « peur des nouvelles technologies » ☐

c. Dans quel cas Elena est angoissée ?
   ....

d. Que dit Serge Benoist sur les jeunes ?
   1. Les jeunes n'arrivent pas à exprimer leurs sentiments. ☐
   2. Les jeunes ont toujours besoin d'être en contact avec leurs amis. ☐
   3. Les jeunes ont le sentiment permanent d'être seuls. ☐

e. D'après le texte, qu'est-ce que la nomophobie peut provoquer ?
   1. Des problèmes de cœur. ☐
   2. Des problèmes de sommeil. ☐
   3. Des difficultés pour respirer. ☐

Production écrite

6 Vous devez participer au défi 48 heures sans téléphone. Est-ce que vous pensez pouvoir réussir le challenge ? Expliquez quels sentiments vous ressentez.

Unité 5 — Grammaire

1. Le gérondif exprime la cause, la manière ou la simultanéité ? Cochez la bonne réponse.

	Cause	Manière	Simultanéité
a. Beaucoup de jeunes s'informent en lisant des articles sur ce site.	☐	☐	☐
b. Le maire a provoqué un scandale en autorisant cette exposition choquante.	☐	☐	☐
c. Noémie écoute de la musique en faisant des recherches sur Internet.	☐	☐	☐
d. Les lycéens ont exprimé leur colère en manifestant.	☐	☐	☐
e. Lorena s'est fait mal aux yeux en passant beaucoup de temps sur les écrans.	☐	☐	☐

2. Associez les phrases. Aidez-vous du sens et de l'accord des pronoms démonstratifs.

a. Je ne fais pas confiance à ce site ;
b. Ces informations sont fausses ;
c. Cette œuvre d'art a provoqué une polémique et
d. Ces artistes sont originaux,
e. Ce défi est amusant,

1. ceux-là sont choquants.
2. celle-là est interdite.
3. celui-ci est meilleur.
4. celui-là est dangereux.
5. celles-ci sont authentiques.

3. Transformez les phrases comme dans l'exemple.

Exemple : Johanna est allée sur Internet. Elle n'a pas lu ses mails.
→ *Johanna est allée sur Internet **sans lire ses mails**.*

a. Felipe a signé la pétition. Il n'a pas hésité.
→ ....
b. Nous lisons les articles. Nous ne vérifions pas les noms des auteurs.
→ ....
c. L'artiste a payé l'amende. Il n'a pas réagi.
→ ....
d. Vous avez diffusé la vidéo. Vous n'avez pas attendu.
→ ....
e. Karen a vu la photo. Elle n'a pas compris que c'était un photomontage.
→ ....

4. Mettez les phrases dans l'ordre.

a. hésiter. / avocat / l' / sans / artiste / défendu / a / L'
→ ....
b. gens / ses / sans / artiste / cet / connaître / Les / critiquent / œuvres !
→ ....
c. condamnation / Elle / plaindre. / accepté / sa / sans / a / se
→ ....
d. l' / demander / dessiné / Il / sur / a / mur / autorisation. / un / sans
→ ....

5. Complétez les phrases avec *dans lequel*, *sur lesquels*, *avec lesquelles*, *sans laquelle* et *pour laquelle*.

a. Ce sont les amies .... je discute sur Facebook.
b. Tu as lu un article .... tu as trouvé des informations sur Jeff Koons.
c. C'est la raison .... il a été condamné.
d. Voici les sites .... Alexandra a trouvé toutes ses photos.
e. Alberto utilise une application .... il ne peut pas travailler.

6 Complétez les phrases librement.
a. L'artiste est content que ....
b. Sara et Rayen regrettent que ....
c. Tu as peur que ....
d. Inès et moi sommes surpris que ....
e. Les internautes sont déçus que ....

7 Complétez les phrases avec l'adverbe correspondant à l'adjectif en gras. Aidez-vous de l'exemple.
*Exemple : Ce journaliste est **honnête**. Il travaille... → Ce journaliste travaille **honnêtement**.*
a. Les internautes sont **rapides**. Ils ont critiqué le défi...
→ ....
b. Ces artistes sont **courageux**. Ils résistent...
→ ....
c. Les lycéens sont **violents**. Ils ont protesté...
→ ....
d. Tu es **attentif**. Tu lis l'article...
→ ....
e. Maintenant, les habitudes des gens sont **différentes**. Ils s'informent...
→ ....

8 Transformez les adjectifs en adverbes comme dans l'exemple.
Exemple : lent → lentement
a. régulier : ....
b. récent : ....
c. sérieux : ....
d. immédiat : ....
e. sincère : ....
f. discret : ....

9 Complétez les phrases avec les adverbes de l'exercice 8.
a. J'ai vu .... un reportage sur le street art.
b. L'utilisation du téléphone est interdite en classe. L'élève regarde son smartphone ....
c. Quand ils ont lu l'article, ils n'ont pas hésité : ils l'ont partagé ....
d. Charlie met .... des vidéos en ligne : une fois par semaine environ.
e. Andrea et Laura se sont parlé sans mentir. Elles ont dit .... ce qu'elles pensaient.
f. Arthuro travaille très .... : il suit les conseils de ses professeurs et relit ses cours sans regarder son téléphone.

10 Complétez les phrases. Aidez-vous de l'exemple.
Exemple : Ce chasseur de rumeur repère 98 % des fausses informations. C'est ... (efficace aujourd'hui).
→ C'est le chasseur de rumeurs le plus efficace aujourd'hui.
a. Ce youtubeur a 300 000 abonnés. C'est... (populaire actuellement).
→ ....
b. Cette vidéo a été partagée par 3 milliards d'internautes. C'est... (vue en ce moment)
→ ....
c. Les œuvres de l'artiste Anish Kapoor provoquent toujours des scandales. C'est... (polémique du monde)
→ ....
d. Tout le monde connaît le musée du Louvre. C'est... (connu de France)
→ ....

Unité 5 — Phonétique

Le son [ã]

1 Écoutez. Est-ce que vous avez entendu le son [ã] ? Cochez la bonne réponse. 🎧 57

	Oui	Non
a.	☐	☐
b.	☐	☐
c.	☐	☐
d.	☐	☐
e.	☐	☐
f.	☐	☐

2 Soulignez le son [ã] dans les phrases suivantes. Écoutez pour vérifier 🎧 58
   a. Je vérifie l'authenticité de ces informations.
   b. L'exposition a lieu à l'ambassade de France.
   c. Nous pensons que le street art est une forme de vandalisme.
   d. La fermeture de ce musée emblématique a provoqué un scandale.
   e. Ceux-ci estiment que cette exposition est choquante.

3 Quelles sont les différentes façons d'écrire le son [ã] ? Aidez-vous de l'exercice 2.
   ▸ .... ▸ ....
   ▸ .... ▸ ....

4 Écoutez. Combien de fois vous entendez le son [ã] ? 🎧 59
   a. .... fois
   b. .... fois
   c. .... fois
   d. .... fois
   e. .... fois

5 Complétez avec la bonne graphie du son [ã]. 🎧 60
   a. Cette photo étr............ge est un photomontage !
   b. Les g............s lisent de plus en plus les informations sur leurs écr............s.
   c. J'ai lu une ....quête très intéress............te sur Internet.
   d. Vous croyez que les médias m............tent tout le t............ps ?
   e. Les adultes doivent donner l'ex............ple aux adolesc............ts en éteign............t leur téléphone !

6 Quel mot ne contient pas le son [ã] ?
   a. danger ☐   d. content ☐
   b. amende ☐   e. intelligent ☐
   c. choquant ☐   f. exemple ☐

7 Écoutez et écrivez les phrases entendues. Lisez-les à haute voix. 🎧 61
   a. ....
   b. ....
   c. ....
   d. ....
   e. ....

Lexique

1 Retrouvez dans la grille six mots de l'unité. Les mots sont cachés horizontalement, de gauche à droite (→).

F	P	A	A	E	D	G	I	O	T	A	U	Y	E
I	F	M	A	D	E	G	V	H	Z	A	N	E	I
T	P	E	I	N	E	I	O	D	T	N	W	P	I
H	J	O	Q	Y	K	E	T	T	E	I	B	W	E
S	Y	V	A	N	D	A	L	I	S	M	E	R	V
B	G	I	T	H	D	I	B	D	U	F	Z	E	G
U	S	I	S	C	U	R	L	I	U	M	Q	L	F
K	A	A	U	T	O	R	I	S	A	T	I	O	N
W	F	F	H	A	M	E	N	D	E	Y	F	U	
I	P	N	C	B	E	H	T	J	E	P	C	T	U
A	J	S	I	M	R	O	Y	Q	D	A	R	M	A
P	U	N	I	R	D	J	U	S	T	I	C	E	O
F	O	P	Q	T	I	M	Y	E	P	M	A	V	U
E	Y	N	X	B	A	I	B	R	D	N	T	U	P

2 Retrouvez les mots en vous aidant des définitions et des lettres données.

a. R _ _ _ _ R : information incertaine qui circule.
b. A _ _ _ E _ _ _ _ _ _ É : conformité, exactitude.
c. P _ _ É _ _ _ _ E : désaccord, débat violent.
d. P _ O _ O _ O _ _ _ E : modification d'image grâce à l'informatique.
e. V _ _ _ L : qui circule sur Internet de façon incontrôlée (adjectif).

3 Complétez avec les mots de la liste.

diffusé – la une – publier – traquer – relayées

Les fausses informations sont de plus en plus nombreuses sur Internet et les « chasseurs de rumeurs » doivent les .... en permanence. Elles font parfois .... des journaux ou sont .... grâce aux réseaux sociaux. Récemment, un célèbre site a .... des photos du chanteur Krola qui ont choqué le public. La star a décidé de réagir et de .... un message sur Facebook pour rassurer ses fans : ce n'était qu'un photomontage !

4 Associez les mots ou expressions et les définitions

a. Bête
b. Tourner en dérision
c. Dangereux
d. Critiquer

1. Risqué
2. Dénoncer les défauts
3. Stupide
4. Se moquer de

5 Remettez les lettres dans l'ordre pour retrouver les mots de l'unité

a. H A N T O C U Q : ....
b. R E T R O P E S T : ....
c. C A N A S D E L : ....
d. C É L A D É : ....
e. T I M E N S T A N A F : ....
f. S I C A L O N E T O C : ....

6 Complétez le dialogue avec les mots de la liste.

bon – égal – bizarre – comment – surprise

– Vous avez vu ? Jérémy et Leslie de la série *Ado & Co* se séparent !
– .... ça ?
– Regardez : c'est sur le site *Fan de star* !
– Ah .... ? C'est .... J'espère que ce n'est qu'une rumeur !
– Je suis un peu .... moi aussi : c'est un super couple ! Ils sont toujours en une des journaux ! Et toi Cindy ? Tu ne dis rien ?
– Non... Ça m'est ....

Unité 5 – « Scandales ? »

Unité 5 — Apprendre à apprendre

Les pronoms relatifs composés

1 Je repère le mot remplacé par le pronom relatif.

Soulignez les mots qui sont remplacés par le pronom relatif en gras.
a. C'est un **article dans lequel** il y a beaucoup de fausses informations.
b. Les **personnes avec lesquelles** j'ai discuté pensent que le street art est du vandalisme.
c. La justice a condamné les auteurs du **site sur lequel** tu as trouvé des vidéos violentes.
d. Nous sommes choqués par la **souffrance animale contre laquelle** nous avons rédigé une pétition.

2 J'utilise les bons pronoms relatifs après les prépositions.

Complétez les phrases avec *lequel, laquelle, lesquels* ou *lesquelles*.
a. Voici les journalistes avec …………………………… nous chassons les rumeurs sur Internet !
b. Facebook est le média par …………………………… la vidéo virale a circulé.
c. L'exposition contre …………………………… les gens ont manifesté sera interdite.
d. Tu as vu les vidéos dans …………………………… Amira chante ?
e. C'est le pseudonyme sous …………………………… j'ai posté des photos.

3 Je relie deux phrases avec un pronom relatif composé.

Reliez les phrases comme dans l'exemple.
Exemple : Le défi s'appelle le A4 challenge. Nous avons manifesté contre ce défi.
→ *Le défi contre lequel nous avons manifesté s'appelle le A4 challenge.*

a. J'ai lu un article. Selon cet article, les jeunes sont « nomophobes ».
→ ………
b. Jessie utilise le logiciel FX55. Avec ce logiciel, elle réalise des photomontages.
→ ………
c. Vincent a partagé une vidéo. Dans cette vidéo, on se moque des rumeurs.
→ ………
d. Nous avons passé un super week-end. Pendant ce weekend, nous n'avons pas utilisé nos téléphones.
→ ………
e. Tu es toujours sur les réseaux sociaux. Sans les réseaux sociaux, tu ne pourrais pas communiquer avec tes amis étrangers.
→ ………

4 J'utilise les pronoms relatifs composés avec *à* et *de*.

a. Complétez avec *auquel, à laquelle, auxquels* ou *auxquelles*.
   1. Voici l'adresse de la société …………………………… j'ai envoyé un mail.
   2. Le défi …………………………… ces jeunes participent est dangereux.
   3. Les associations …………………………… nous appartenons défendent les droits des animaux.
   4. Les manifestants …………………………… j'ai parlé sont scandalisés par le street art.
   5. L'exposition …………………………… Laura est invitée se déroule au musée Guimet.

b. Complétez avec *duquel, de laquelle, desquels* ou *desquelles*.
   1. Le musée à côté …………………………… j'habite va bientôt fermer.
   2. Les émissions à la fin …………………………… le journaliste salue les invités sont enregistrées.
   3. Voici la pétition en bas …………………………… tu dois signer.
   4. Ce sont des dessins à propos …………………………… il y a eu une véritable polémique.
   5. Les élèves vont à une exposition à l'occasion …………………………… ils vont rencontrer le célèbre artiste Banksy.

Portfolio

	Oui	Pas complètement	Pas encore
Langue			
Je peux exprimer la surprise, la curiosité et l'indifférence.			
Je peux exprimer un jugement, une critique.			
Je peux exprimer des sentiments avec le subjonctif.			
Grammaire			
Je sais utiliser le gérondif.			
Je sais utiliser les pronoms démonstratifs.			
Je peux utiliser la structure *sans* + infinitif.			
Je peux construire et utiliser des adverbes en *-ment*.			
Je peux construire et utiliser le superlatif.			
Je maîtrise les pronoms relatifs composés.			
Lexique			
Je connais du lexique relatif à l'information sur Internet.			
Je connais du lexique relatif aux médias et à la presse.			
Je connais bien le lexique relatif à la justice.			
Je connais du lexique relatif à l'art et à la polémique.			
Phonétique			
J'arrive à identifier le son [ã].			
Je prononce correctement [ã].			
Civilisation			
Je connais les « chasseurs de rumeurs ».			
Je sais comment les jeunes s'informent.			
Je connais plusieurs polémiques.			
Je connais le street art et des artistes originaux.			
Je connais le phénomène des « détox ».			

Unité 5 — Entraînement au DELF B1

Compréhension de l'oral

Vous allez entendre trois documents sonores, correspondant à trois exercices.
Pour le premier et le deuxième document, vous aurez :
- *30 secondes pour lire les questions ;*
- *une première écoute, puis 30 secondes de pause pour commencer à répondre aux questions*
- *une seconde écoute, puis 1 minute de pause pour compléter vos réponses.*

Exercice 1 🎧 62

1. Combien de fois la vidéo a été vue ?
   ....

2. Quel animal on voit dans la vidéo ?
   ....

3. Qui est Chris75 ?
   a. Un chasseur de rumeurs sur Internet. ☐
   b. Le jeune qui a créé le site Kombibuzz. ☐
   c. Un jeune qui fait des blagues sur Internet ☐

4. Quel est l'objectif de la vidéo ?
   a. Faire de la publicité. ☐
   b. Faire rire les gens. ☐
   c. Faire peur aux gens. ☐

5. Quel est l'inconvénient du site qui a diffusé la vidéo ?
   a. Il n'est pas bien protégé. ☐
   b. Il y a beaucoup de fausses informations sur ce site. ☐
   c. Il y a beaucoup de publicités sur ce site. ☐

Exercice 2 🎧 63

1. Pourquoi l'association est choquée ?
   a. Parce que le spectacle est dangereux. ☐
   b. Parce qu'il y a un animal sauvage dans le spectacle. ☐
   c. Parce que dans le spectacle on voit un animal en cage. ☐

2. Qu'est-ce qu'elle demande ?
   a. Que le magicien soit condamné. ☐
   b. Que le magicien présente des excuses. ☐
   c. Que le magicien arrête ses spectacles. ☐

3. Qui a lancé la pétition ?
   a. L'association. ☐
   b. Un téléspectateur. ☐
   c. Un responsable de la chaîne. ☐

4. Qu'est-ce que le magicien a fait ?
   a. Il a présenté des excuses sur le site de la chaîne. ☐
   b. Il a annulé son prochain spectacle. ☐
   c. Il a signé la pétition. ☐

Exercice 3 🎧 64

1. Les Français ont découvert les liseuses numériques il y a combien de temps ?
   ....

2. D'après le spécialiste, ces appareils peuvent contenir combien de romans ?
   a. Plusieurs centaines. ☐
   b. Plusieurs milliers. ☐
   c. Plusieurs millions. ☐

3. Pourquoi les gens achètent des romans sous format numérique ?
   a. Parce qu'ils ne prennent pas de place. ☐
   b. Parce qu'ils coûtent moins cher. ☐
   c. Parce qu'ils sont connectés. ☐

4. Selon le spécialiste, que font les consommateurs français ?
   a. Ils achètent plus de liseuses qu'avant. ☐
   b. Ils refusent d'acheter ces appareils. ☐
   c. Ils achètent autant de liseuses qu'aux États-Unis. ☐

5. Que représente le livre numérique aux États-Unis ?
   a. La moitié du marché du livre. ☐
   b. Le quart du marché du livre. ☐
   c. Le tiers du marché du livre. ☐

6. Les consommateurs français pensent que le livre papier :
   a. est pour les personnes sentimentales. ☐
   b. est très pratique. ☐
   c. est un bel objet. ☐

Compréhension des écrits

Lisez les textes puis répondez aux questions en cochant (**x**) la bonne réponse, ou en écrivant l'information demandée.

Exercice 4

LE YOUTUBEUR FRANÇAIS MATH PODCAST AU CŒUR D'UN SCANDALE !

Le youtubeur français de 19 ans, Math Podcast, était l'une des stars de la plateforme de vidéos en ligne. Sa chaîne créée en 2011 comptait plus de 430 000 abonnés et ses vidéos humoristiques avaient été vues près de 25 millions de fois. Mais des internautes ont récemment signalé sur un site de jeux vidéo que Théo Buzz copiait des passages de vidéos réalisées par des youtubeurs américains, notamment Marcus Butler et le californien Motoki. Ce dernier, agacé par le petit Français qui copiait ses vidéos en traduisant ses propos en français, lui a envoyé un message sur Facebook... auquel le Français n'a pas répondu.

Ces révélations ont provoqué un scandale chez les abonnés du youtubeur français. Math Podcast a alors dû faire des excuses sur Twitter et sur son compte Youtube. « *Je n'avais pas le temps de faire mes vidéos* », s'est défendu le jeune Français. Il a en effet affirmé que ces vidéos dataient de la période où il devait réviser parce qu'il préparait les épreuves du bac. Mais les fans ont réagi violemment et les dernières vidéos de Math Podcast ont été très critiquées. « *On ne lui fait plus confiance* », ont expliqué plusieurs anciens fans.

1. **Quel type de vidéos fait Math Podcast ?**
   ....
2. **Qu'est-ce qu'on reproche à Math Podcast ?**
   a. Ses vidéos contiennent des passages violents. ☐
   b. Il a copié les vidéos d'autres internautes. ☐
   c. Sa chaîne diffuse des fausses informations. ☐
3. **Où l'affaire a été révélée ?**
   ....
4. **Qui est Motoki ?**
   a. Un autre youtubeur. ☐
   b. Un fan de Math Podcast. ☐
   c. Un artiste américain. ☐
5. **Comment ont réagi les fans de Math Podcast ?**
   a. Ils ont supprimé leur abonnement. ☐
   b. L'affaire les a amusés. ☐
   c. Ils l'ont beaucoup critiqué. ☐

Exercice 5

MOINS DE TEMPS SUR FACEBOOK ?

Pour la première fois, le temps passé sur Facebook et le nombre d'utilisateurs quotidiens ont diminué. Le fondateur du réseau social explique ces résultats par les modifications que l'entreprise a réalisées, en particulier la diminution des vidéos virales. Plus surprenant : il s'en est réjoui !

« *Nous considérons les vidéos virales comme négatives pour les interactions entre amis. L'une des choses les plus importantes que nous pouvons faire, c'est de proposer des services qui ne sont pas seulement amusants, mais également bons pour la société. L'utilisation des réseaux sociaux pour interagir avec notre famille et nos amis peut être positif, mais lire des articles ou regarder des vidéos n'est pas toujours bon pour nous* », a expliqué Mark Zuckerberg.

Le nombre d'utilisateurs quotidiens est ainsi passé de 185 millions à 184 millions. En raison de plusieurs polémiques, d'autres modifications seront apportées au réseau social qui compte plus de 2 milliards d'utilisateurs dans le monde.

1. **D'après l'article, pourquoi les gens utilisent moins Facebook ?**
   a. Parce que Facebook a changé. ☐
   b. Parce qu'il y a trop de vidéos virales sur Facebook. ☐
   c. Parce que les gens n'ont plus le temps d'aller sur Facebook. ☐
2. **Comment Mark Zuckerberg réagit face à cette diminution ?**
   a. Il est surpris. ☐
   b. Il est déçu. ☐
   c. Il est content. ☐
3. **Combien de personnes utilisent Facebook tous les jours au moment où l'article a été écrit ?** ....

Unité 5

Production écrite

Exercice 6
Beaucoup de journalistes s'inquiètent de voir que les jeunes s'informent grâce aux réseaux sociaux. Ils ont peur que la presse écrite disparaisse et que les fausses informations se développent de plus en plus. Donnez votre opinion sur ce sujet.
(160 à 180 mots)

Production orale

L'épreuve se déroule en trois parties qui s'enchaînent. Elle dure entre 10 et 15 minutes. Pour la 3e partie, vous disposez de 10 minutes de préparation. Cette préparation a lieu avant le déroulement de l'ensemble de l'épreuve.

Exercice 7
Exercice en interaction
Vous jouez le rôle qui vous est indiqué sur le document que vous avez choisi parmi les deux tirés au sort.

Sujet 1
Vous êtes en vacances chez un ami français. Vous voulez voir une exposition de street art, mais votre ami refuse parce qu'il pense que c'est du vandalisme. Vous lui expliquez que c'est une forme d'art et que cela peut enrichir votre culture personnelle.

Sujet 2
Vous êtes chez une famille française. Vous avez besoin d'aller régulièrement sur les réseaux sociaux, mais les parents de la famille française refusent que, chez eux, les gens passent trop de temps sur les écrans. Vous discutez ensemble pour trouver une solution.

Exercice 8
Expression d'un point de vue
Vous dégagez le thème soulevé par le document et vous présentez votre opinion sous la forme d'un exposé personnel de 3 minutes environ. L'examinateur pourra vous poser quelques questions.

Sujet *L'art contemporain a-t-il besoin du scandale ?*
En général, on adore les œuvres modernes ou on les déteste. Les gens qui manifestent contre des œuvres choquantes permettent à l'art contemporain d'exister. S'il n'y a pas de scandale, il n'y a pas d'art moderne. Pourquoi ? Parce que les artistes veulent dénoncer la société et ont besoin de cette opposition avec une partie du public. De plus, grâce au scandale sur les réseaux sociaux, il y a plus de personnes qui vont voir les expositions dans les musées et ces expositions deviennent connues à l'échelle internationale. Beaucoup de personnes ont envie de posséder ce qui provoque le scandale. Alors les œuvres d'art prennent de la valeur. Après la Deuxième Guerre mondiale, il y avait environ 500 000 amateurs d'art qui achetaient des œuvres d'art. Aujourd'hui, il y en a 70 millions. Résultat : entre 2000 et 2015, le marché de l'art a augmenté de 1 800 % !

Unité 6 — C'EST LOIN !

- Leçon 1 .... p. 96-97
- Leçon 2 .... p. 98-99
- Leçon 3 .... p. 100-101
- Leçon 4 .... p. 102-103
- Grammaire .... p. 104-105
- Phonétique .... p. 106
- Lexique .... p. 107
- Apprendre à apprendre .... p. 108
- Portfolio .... p. 109
- Entraînement au DELF A2 .... p. 110-112

Unité 6 — 1. Partons étudier à l'étranger

Compréhension de l'oral 🎧 65

1 Cochez la bonne réponse.

a. Dans quel but le premier étudiant interrogé fait ses études en France ?
   1. Pour étudier dans une université célèbre. ☐
   2. Pour devenir un grand écrivain. ☐
   3. Pour apprendre la langue française. ☐

b. Quel problème le deuxième étudiant a rencontré quand il est arrivé en France ?
   1. Il ne comprenait pas le fonctionnement de l'université française. ☐
   2. Il ne parlait pas bien français et ne comprenait pas les cours. ☐
   3. Il a dû faire beaucoup de démarches pour avoir une bourse d'étude. ☐

c. D'après le document, quels sont les deux pays qui accueillent le plus d'étudiants étrangers ?
   1. L'Italie et l'Espagne. ☐
   2. Le Canada et l'Australie. ☐
   3. Les États-Unis et le Royaume-Uni. ☐

2 Répondez aux questions.

a. De quel pays vient le deuxième étudiant interrogé ? ....
b. Dans quelle filière Francesca s'est inscrite ? ....

Lexique

3 Retrouvez huit mots liés à la leçon.

M	O	B	I	L	I	T	E	M	O	C	U	I	E
F	Z	X	E	S	X	A	G	C	S	U	W	S	I
D	C	K	D	E	M	A	R	C	H	E	Y	H	B
K	R	R	F	B	K	Q	Q	B	O	U	R	S	E
V	I	S	A	A	S	N	D	K	H	N	E	X	B
Y	O	I	N	E	E	Y	Z	L	E	B	I	C	M
U	Z	P	R	O	G	R	A	M	M	E	H	P	E
E	E	I	I	E	T	U	M	K	A	O	E	T	U
F	Y	J	M	D	E	X	A	M	E	N	F	A	W
K	U	S	J	U	I	U	H	U	B	Q	K	T	W
V	S	E	T	U	D	I	A	N	T	W	E	A	P
U	O	W	J	F	E	L	X	G	R	S	T	M	W
M	O	S	U	T	E	Y	W	O	A	B	C	T	Z
H	I	A	I	A	P	A	F	I	L	I	E	R	E

Grammaire

4 Remettez les phrases dans l'ordre.

a. fais / visa. / Je / des / pour / démarches / un / obtenir
   → ....

b. ont / programme / Les / participé / pour / l'Europe. / étudiants / découvrir / au
   → ....

c. études / travail. / de / Nous / du / afin / trouver / des / faisons
   → ....

d. va / le / France / Alex / but / le / français. / dans / en / apprendre / d'
   → ....

Compréhension des écrits

5 Vous recevez une brochure de PEI.

PARTEZ OÙ VOUS VOULEZ !

PEI permet aux jeunes lycéens francophones d'être scolarisés à l'étranger et à tous les étudiants européens âgés de 17 à 28 ans d'étudier dans une université américaine. Nous organisons des séjours dans plus de 25 pays dans le monde et permettons aussi à des jeunes de tous les pays du monde d'être scolarisés en France et d'être accueillis bénévolement par des familles françaises.

Passez une année scolaire à l'étranger !
Vous êtes lycéen, vous avez entre 14 et 18 ans et vous voulez étudier un an à l'étranger ? Découvrez notre programme pour les lycéens. Il a été mis en place en 1981 et il a permis à plus de 8 000 adolescents de partir à l'étranger

On part dans quel but ?
On peut avoir plusieurs objectifs : partir pour apprendre une nouvelle langue, pour découvrir un pays, pour se faire de nouveaux amis, mais c'est aussi pour préparer son avenir ! En effet, une expérience à l'étranger est considérée comme très positive dans le monde professionnel. Cela intéresse beaucoup les entreprises et augmente les chances de trouver du travail !

Document inspiré de www.piefrance.com

a. Qu'est-ce que PEI ?
1. Une agence de voyages internationale. ☐
2. Une association de programmes d'échanges. ☐
3. Un établissement scolaire européen. ☐

b. Avec PEI, les lycéens francophones peuvent étudier où ?
1. Dans un lycée américain seulement. ☐
2. Dans un pays d'Europe. ☐
3. Dans plus de 25 pays. ☐

c. Grâce à PEI, qui peut être scolarisé en France ?
....

d. Vrai ou faux ? Cochez la bonne réponse.

	Vrai	Faux
1. PEI propose des séjours aux lycéens seulement.	☐	☐
2. Le programme pour lycéens existe depuis 1981.	☐	☐
3. 8 000 jeunes sont partis avec PEI en 1981.	☐	☐

Production écrite

6 Vous voulez étudier à l'étranger. Vous écrivez à Adam, qui a étudié à Paris grâce au programme Erasmus. Vous lui posez des questions sur les démarches à suivre et sur les avantages de ce programme. (80 mots environ.)

Unité 6 — 2. Informons-nous !

Compréhension de l'oral 🎧 66

1 Répondez aux questions.
   a. Qu'est-ce qu'Anas étudie ? ....
   b. Qu'est-ce qui a été difficile pour Anas quand il est arrivé ? ....
   c. Qu'est-ce qu'il devra faire en fin d'année ? ....

2 Cochez la bonne réponse.
   a. Anas est en France :
      1. dans le cadre d'un échange universitaire. ☐
      2. parce qu'il bénéficie d'un programme de mobilité. ☐
      3. parce qu'il a obtenu d'une bourse d'étude. ☐
   b. Pourquoi il a choisi d'étudier à Brest ?
      1. Parce qu'il a beaucoup d'amis français à Brest. ☐
      2. Parce que c'est la capitale de la cuisine française. ☐
      3. Parce que le secteur informatique y est très développé. ☐
   c. Quel est le point positif de sa formation ?
      1. La découverte de cultures différentes. ☐
      2. L'apprentissage de la langue bretonne. ☐
      3. La qualité de l'enseignement et des cours. ☐

Lexique

3 Complétez le texte avec les mots de la liste.

stages – apprentis – formation – expérience

L'École des chefs

Venez à l'*École des chefs* et suivez une .... de cuisinier dès l'âge de 16 ans, quel que soit votre niveau d'étude ! Notre école vous propose des cours théoriques et de nombreux .... en entreprises. Grâce à nos dix années d'..........................., nous avons formé plus de 150 000 .... et notre école est considérée comme l'établissement de cuisine n°1 en Belgique.

Grammaire

4 Remettez les phrases dans l'ordre.
   a. devenir / était / de / Mark / apprenti. / certain
      → ....
   b. fasse / à / possible / l'étranger. / je / Il / un / est / que / stage
      → ....
   c. sûre / étais / admise / cette / Tu / d' / pas / école. / n' / être / dans
      → ....
   d. de / Julia / de / certaine / examen / est / réussir / sélection. / l'
      → ....
   e. de / filière. / ne / Nous / des / cette / pas / études / sûrs / dans / sommes / faire
      → ....

5 Qu'est-ce que les phrases de l'exercice 4 expriment ? Classez-les.
   a. La possibilité : ....
   b. La certitude : ....
   c. Le doute : ....

Compréhension des écrits

6 Vous allez étudier en France, à La Rochelle. Vous vous renseignez sur le site de l'université.

UNIVERSITÉ DE LA ROCHELLE
Quelques conseils pratiques pour tous les étudiants étrangers

▶ **Logement**

C'est peut-être plus difficile de trouver un logement en France que dans votre pays d'origine. Nous vous conseillons de commencer vos recherches de logement avant votre départ.

▶ **Documents administratifs**

Les étudiants étrangers qui ne viennent pas d'un pays européen doivent faire une demande de visa étudiant. Pour l'obtenir, renseignez-vous auprès du consulat de France ou de l'ambassade de France de votre pays, afin de connaître les documents à fournir et de savoir dans combien de temps vous pourrez obtenir votre visa. Ne demandez pas un visa de court séjour (ou visa touristique). Il ne permet pas l'inscription dans une université ni l'obtention du titre de séjour qui est obligatoire pour votre séjour en France.

▶ **Travailler en France**

Un étudiant étranger qui a un titre de séjour « Étudiant » valable peut travailler en France comme les autres employés mais il ne peut pas travailler plus de 964 heures par an.

a. Pourquoi il faut chercher un logement avant de partir ?
....

b. Qui doit demander un visa ?
  1. Tous les étudiants étrangers. ☐
  2. Les étudiants étrangers européens. ☐
  3. Les étudiants étrangers qui ne sont pas européens ☐
  4. Les étudiants étrangers qui veulent travailler ☐

c. Quelles informations il faut demander au consulat ou à l'ambassade ?
  ▶ ....
  ▶ ....

d. À quelles conditions un étudiant étranger peut travailler en France ?
  ▶ ....
  ▶ ....

Production écrite

7 Vous pourriez passer un an à l'étranger ? Il est possible que vous partiez étudier dans un autre pays plus tard ou vous êtes sûr de rester dans votre pays ? (80 mots environ.)

....
....
....
....
....
....

Unité 6 — 3. Imaginons notre avenir

Compréhension de l'oral 🎧 67

1 Cochez la bonne réponse.

a. Quelle est la profession de Renaud Robert ?
1. Médecin. ☐
2. Biologiste. ☐
3. Chercheur. ☐

b. En quoi consiste-t-elle ?
1. Il soigne des malades. ☐
2. Il crée des médicaments. ☐
3. Il analyse des examens médicaux. ☐

2 Répondez aux questions.

a. Qu'est-ce qui intéressait Renaud Robert quand il était enfant ? ....
b. Dans quel but il est allé aux États-Unis ? ....
c. Selon Renaud Robert, pourquoi il faut savoir communiquer quand on exerce sa profession ? ....

Lexique

3 Complétez la grille de mots croisés avec le lexique de l'unité. Aidez-vous des définitions.

Horizontal
1. Ce qui peut transmettre des maladies.
4. Progression ou amélioration d'un phénomène, d'une connaissance.
6. Lieu où on réalise des recherches scientifiques.
8. Produit vendu en pharmacie pour soigner les malades.

Vertical
2. Secteur de la fabrication d'automates, de robots.
3. Domaine, milieu professionnel.
5. Problème de santé comme le diabète ou le cancer.
7. Secteur où travaillent les scientifiques.

Grammaire

4 À quel temps il faut conjuguer ? Cochez la forme juste.

a. Si tu étais bon en mathématiques, tu .... des études scientifiques.
faisais ☐   feras ☐   ferais ☐

b. Si nous le pouvions, nous .... à l'étranger.
étudions ☐   étudierions ☐   étudierons ☐

c. Si les laboratoires avaient plus de moyens, ils .... créer plus de médicaments.
pourraient ☐   pourront ☐   pouvaient ☐

d. Si on connaissait mieux ce virus, on .... les malades.
guérira ☐   guérirait ☐   guérissait ☐

e. Si la mère de Sonia travaillait dans un autre secteur, elle .... plus de temps libre.
aura ☐   avait ☐   aurait ☐

Compréhension des écrits

5 Lisez le programme du salon de l'orientation organisé par l'Onisep.

SALON DE L'ORIENTATION À PARIS AVEC L'ONISEP

Du 17 au 19 novembre
Porte de Versailles, pavillon 7, niveau 2
Entrée gratuite -
Horaires : 9 h 30 – 18 h

Le salon de l'Onisep vous accompagne dans votre démarche d'orientation. Grâce à ses différents stands, vous pourrez mieux connaître les formations, les métiers, les secteurs professionnels. Conseillers des centres d'information et d'orientation, directeurs d'établissement et directeurs d'entreprise seront là pour vous écouter, vous conseiller et vous guider dans vos recherches.

Stands « Métiers »
Rencontrez des représentants de différents secteurs professionnels : tourisme, restauration, santé, enseignement, sport, humanitaire…

Stand « Conseil en orientation »
Si vous avez besoin d'un entretien individuel pour construire votre projet d'études, votre projet professionnel, rendez-vous au stand « Conseil en orientation » !

Stand « Se former ailleurs »
Des chefs d'établissement d'Allemagne, de Belgique, d'Espagne et du Royaume-Uni viendront présenter le système éducatif de leur pays. Des conseillers d'Euroguidance vous renseigneront sur la mobilité en Europe.

Espace animation et conférences
Venez participer à nos jeux et à nos quiz sur la formation professionnelle ! Des conférences seront organisées sur les métiers de demain : robotique, métiers du web, etc.

Librairie Onisep
En vente : toutes les publications de l'Onisep sur les parcours d'études, les métiers, les secteurs professionnels.

a. Qui sera présent sur le salon ?
   1. Des guides pour les touristes. ☐
   2. Des journalistes. ☐
   3. Des chefs d'entreprise. ☐

b. Quelle information on peut avoir au stand « Conseil en orientation » ?
   1. Des conseils sur les formations à suivre. ☐
   2. Des informations sur les métiers de demain. ☐
   3. Des indications sur les inscriptions universitaires. ☐

c. De quoi les conférences parleront ?
   ....

d. Où pouvez-vous vous renseigner sur le secteur du tourisme ?
   1. Aux stands « Métiers ». ☐
   2. Au stand « Se former ailleurs ». ☐
   3. Au stand « Conseil en orientation ». ☐
   4. À la librairie ☐

Production écrite

6 Si vous deviez choisir entre le secteur de la banque, le secteur artistique et le secteur de la santé, lequel vous choisiriez ? Pourquoi ? Vous aimeriez exercer quelle(s) profession(s) par exemple ? (80 mots environ.)

Unité 6 – « C'est loin ! »

Unité 6 — 4. Découvrons d'autres expériences

Compréhension de l'oral 🎧 68

1 Répondez aux questions.
a. Pourquoi Bjoerk est en France ? ....
b. Pourquoi c'était difficile au début ? ....
c. Quel sentiment elle ressent maintenant ? ....

2 Cochez la bonne réponse.
a. Pourquoi les cours donnés en France et au Danemark sont différents ?
   1. En France, le niveau des cours est beaucoup plus basique. ☐
   2. En France, les professeurs discutent beaucoup avec les élèves. ☐
   3. En France, il faut écouter et prendre des notes. ☐
b. Quelle était l'attitude des élèves français avec elle ?
   1. Ils étaient gentils. ☐
   2. Ils étaient curieux. ☐
   3. Ils étaient perdus. ☐
c. Pourquoi Bjoerk a passé son bac ?
   1. Parce que ce diplôme est obligatoire au Danemark. ☐
   2. Parce qu'elle veut étudier dans une université française. ☐
   3. Parce qu'elle avait envie de faire comme les autres élèves. ☐

Lexique

3 Remettez les expressions dans l'ordre.
a. T E R Ê   U R E H U X E : ....
b. E S   T R I E N S   N I B E : ....
c. R E T Ê   R I F E : ....
d. N E U   M E F L A I L   D ' C A C I E L U : ....

Grammaire

4 Transformez les phrases comme dans l'exemple.
Exemple : Je suis parti à l'étranger.
→ *Jamais je n'aurais dû partir à l'étranger*

a. Tu as quitté ta ville pour étudier dans la capitale.
   → ....
b. Maya a abandonné ses études.
   → ....
c. Vous avez pris un avion pour l'Italie.
   → ....
d. Victor s'est inscrit à ce programme d'échange.
   → ....

Compréhension des écrits

5 Vous allez sur le blog de Manon.

LE BLOG DE MANON
Une année au Japon en tant que lycéenne !

▶ **Les premiers jours**

Quand je suis arrivée à Tokyo, ma famille d'accueil m'attendait. Ils m'ont saluée chaleureusement et on a discuté un peu. Mais mon niveau en japonais n'est pas très élevé, alors j'ai eu beaucoup de difficultés ! Takako et Akira, le couple qui m'accueille, tiennent un... restaurant français ! Je trouve leur maison super : c'est une maison traditionnelle et j'ai ma propre chambre ! Le quartier a l'air sympa, c'est très calme.

Samedi matin, j'ai commencé les cours au lycée. Dans le métro, les gens me regardaient bizarrement : ils n'ont pas l'habitude de voir une étrangère se promener ici avec un uniforme scolaire ! Mais les filles de mon école m'ont souri et beaucoup ont pris des photos avec moi. C'était super : j'avais l'impression d'être une grande star !!

Ensuite, j'ai fait mon petit discours devant la classe (j'étais très intimidée !) et nous avons commencé les cours : japonais, sciences et maths ! Pendant les cours, certains élèves qui s'ennuyaient ont préféré envoyer des mails ou jouer à la console. Bien sûr, à la fin du cours, ils ont pris une photo du tableau pour pouvoir comprendre le cours et travailler à la maison !

Moi, j'ai nettoyé une salle de cours avec une autre fille : au Japon, ce sont les élèves qui nettoient les salles à la fin des cours ! Le lycée au Japon est vraiment très différent du lycée en France !

a. Manon a eu quelle difficulté quand elle est arrivée ?
....

b. Comment les passagers du métro ont réagi quand ils ont vu Manon en uniforme ?
  1. Ils l'ont regardée avec surprise. ☐
  2. Ils l'ont regardée avec le sourire. ☐
  3. Ils l'ont regardée avec satisfaction. ☐

c. Qu'est-ce qu'elle a ressenti quand elle a vu la réaction des filles ?
  1. Elle était intimidée. ☐
  2. Elle s'est sentie fière. ☐
  3. Cela l'a ennuyée. ☐

d. Dans quel but certains élèves ont pris le tableau en photo ?
....

Production écrite

6 Un lycéen français doit passer une année dans votre famille. Vous lui écrivez pour lui poser des questions sur le lycée en France et pour mieux connaître les différences culturelles entre vos deux pays. (80 mots environ.)

Unité 6 – « C'est loin ! »

Unité 6 — Grammaire

1 Cochez la bonne préposition ou locution.

a. Elena va étudier en France .... découvrir la culture française.
   pour ☐   pour que ☐

b. Vous faites une fête .... célébrer la fin des examens.
   afin que ☐   afin de ☐

c. Erasmus organise une rencontre entre étudiants .... les jeunes connaissent leur programme.
   pour ☐   pour que ☐

d. Yânnis et Iris font des démarches .... obtenir une bourse d'étude.
   afin qu' ☐   afin d' ☐

e. Thalia fait un stage à l'étranger .... ses parents soient fiers d'elle.
   pour ☐   pour que ☐

2 Conjuguez les verbes. Suivez le modèle.

Exemple : Si tu .... (s'inscrire) au programme, tu .... (pouvoir) partir à l'étranger.
→ Si tu *t'inscris* au programme, tu *pourras* partir à l'étranger

a. Si je .... (aller) aux *Erasmus Days*, je .... (rencontrer) de nombreux étudiants.
b. Si Kryss .... (suivre) une formation dans ce secteur, il .... (pouvoir) trouver du travail rapidement.
c. Si vous .... (vouloir) étudier en France, vous .... (devoir) avoir de bons résultats à vos examens.
d. Si Yaele et Nassima .... (partir) avec Erasmus, elles .... (découvrir) une nouvelle culture.
e. Si tu .... (obtenir) un visa étudiant, tu .... (faire) un stage en Suisse.

3 Complétez avec les mots de la liste.

sûr(e) que – il est possible que – certains de – peut – sûre de

a. .... Lucas soit admis dans cette école de cuisine.
b. Grâce à ses compétences, Lila .... intégrer une université française.
c. Je suis .... Lotfi deviendra photographe !
d. Nous sommes .... trouver un stage cet été.
e. Sabrine est .... réussir dans ce secteur.

4 Lisez le texte et transformez les phrases comme dans l'exemple.

> Pourquoi je suis partie ? Pourquoi j'ai pris cet avion pour Stockholm ? Pourquoi j'ai quitté Marseille ? Pourquoi je me suis inscrite à ce programme ? Pourquoi j'ai appris le suédois ?

→ Jamais je n'aurais dû partir. ....
....
....

5 Complétez librement les phrases.

a. Léa aimerait découvrir de nouvelles cultures. Alors, ...
b. Tu voudrais devenir vétérinaire, donc ....
c. Tarik fait des démarches parce que ....
d. Vous souhaitez partir en Erasmus. Par conséquent, ...
e. Ce laboratoire pharmaceutique n'a pas beaucoup de moyens. C'est pourquoi ....

6 Associez les débuts et les fins de phrases.

a. Si Sabri parlait bien anglais,...
b. Si j'étais ingénieur,...
c. Si Pascal habitait à Paris,...
d. Si j'étais passionné par la peinture et le dessin,...
e. Si cet étudiant français pouvait étudier dans un autre pays européen,...

1. il pourrait améliorer son niveau en français.
2. il irait étudier aux États-Unis.
3. je fabriquerais un robot pour soigner les malades.
4. il irait en Italie.
5. je ferais des études d'art.

7 Remettez les phrases dans l'ordre.

a. médecin. / aurait / Christina / devenir / voulu
→ ....
b. se / avant ! / Il / fallu / renseigner / aurait
→ ....
c. aurais / à / étudier / J' / étranger. / dû / l'
→ ....
d. apprendre / Nous / japonais ! / aimé / le / aurions
→ ....
e. tu / cette / choisir / Jamais / n' / dû / filière ! / aurais
→ ....

8 Complétez avec les mots de la liste.
regretterez – pour – afin que – si – il est possible que – alors – sûrs – parce que

Partez avec Hermès études !

Vous voulez découvrir des cultures étrangères, améliorer votre niveau en langue ou vivre une nouvelle expérience ? .... inscrivez-vous à nos programmes d'échanges internationaux : nous proposons de nombreuses formules et nous sommes .... que vous trouverez celle qui vous correspond ! Partez avec Hermès études, vous ne le .... pas !
.... vous voulez vraiment progresser, il vaut mieux partir plus d'un mois .... vous immerger totalement dans le pays. Attention : .... certaines démarches soient longues .... vous aurez besoin de plusieurs documents pour constituer votre dossier. Informez-vous auprès de votre université .... votre demande soit bien enregistrée avant le 1er décembre.

Unité 6 — Phonétique

Les sons [s] et [z]

1 Écoutez Vous entendez le son [s] ou le son [z] ? Cochez la bonne case. 🎧69

	[s]	[z]		[s]	[z]
a.	☐	☐	d.	☐	☐
b.	☐	☐	e.	☐	☐
c.	☐	☐	f.	☐	☐

2 Écoutez les phrases suivantes. Soulignez le son [s]. 🎧70
a. Je suis sûre de réussir mon examen de français.
b. Par conséquent, vous êtes fait pour des études scientifiques.
c. Les laboratoires pharmaceutiques font des recherches sur le cancer.
d. Nous travaillons dans le secteur de l'intelligence artificielle.
e. Si vous obtenez une bourse d'étude, quelle sera votre destination ?

3 Vous avez entendu quel mot ? Cochez la bonne réponse. 🎧71

a. basse ☐   base ☐
b. casse ☐   case ☐
c. coussin ☐   cousin ☐
d. poisson ☐   poison ☐
e. deux cents ☐   deux ans ☐
f. deux sœurs ☐   deux heures ☐

4 Dans quel mot la lettre S se lit [z] ? Cochez la bonne réponse et écoutez pour vérifier. 🎧72

a. stage ☐   d. résultat ☐
b. virus ☐   e. sélection ☐
c. admission ☐   f. Suisse ☐

5 Écoutez et répétez. Combien de fois on entend le son [z] ? 🎧73

a. .... fois   d. .... fois
b. .... fois   e. .... fois
c. .... fois   f. .... fois

6 Écoutez et écrivez les phrases. 🎧74

a. ....
b. ....
c. ....
d. ....
e. ....
f. ....

7 Lisez les phrases le plus vite possible. N'oubliez pas de faire la liaison !
a. C'est six cent six euros !
b. Je vais en Suisse sans Suzie, c'est sûr !
c. Il réussit ses exercices sans hésiter !
d. César, cessez et saisissez !
e. Si c'est sans ces seize amis, c'est sans souci !

Lexique

1 Retrouvez dans la grille 5 mots de l'unité. Les mots sont cachés horizontalement, de gauche à droite (→).

P	E	J	L	I	F	O	P	Y	I	X	D	S	E
A	P	P	R	E	N	T	I	B	U	F	Y	P	Y
K	I	P	I	E	I	E	U	O	C	P	N	I	N
R	M	Z	E	L	Z	U	F	Z	E	F	G	X	B
W	O	S	E	C	T	E	U	R	O	E	E	V	Z
V	Y	C	N	C	O	R	I	V	H	M	C	T	P
W	A	R	S	C	U	J	S	Z	U	Q	U	E	R
M	O	M	N	Y	A	E	A	J	E	Z	X	U	F
I	K	G	P	E	X	P	E	R	I	E	N	C	E
L	L	C	T	O	E	S	Z	J	E	V	Q	E	O
A	Y	E	Q	A	N	X	V	L	I	K	P	B	F
R	E	C	H	E	R	C	H	E	J	E	V	B	O
Y	I	E	F	M	B	P	Y	W	O	S	X	E	V
D	E	V	E	L	O	P	P	E	M	E	N	T	F

2 Retrouvez les mots en vous aidant des définitions et des lettres données.
   a. U _ I _ _ _ _ I _ _ : lieu où on étudie après le lycée.
   b. E _ _ _ E _ : test qu'on passe pour vérifier ses connaissances.
   c. F _ _ _ È _ E : voie d'études particulière, domaine dans lequel on se spécialise.
   d. V _ _ _ : document officiel qui permet de voyager.

3 Classez les mots dans la bonne catégorie.

recherche – fier – cancer – robotique – heureux – diabète

▶ Adjectifs liés à la satisfaction : ....
▶ Secteurs : ....
▶ Maladies : ....

4 Remettez les lettres dans l'ordre pour retrouver les mots de l'unité.
   a. SIVUR : ....
   b. ADALIME : ....
   c. CIMAMTÉDEN : ....
   d. EBALOROTARI : ....

5 Complétez avec les mots de la liste.

stage – études – étudiant – programme – formation – démarches – bourse

Ma vie d'étudiant
Partir à l'étranger : comment faire ?

Vous êtes .... et vous avez envie de partir étudier à l'étranger ? Voici les .... nécessaires pour faire vos .... à l'étranger, trouver votre logement ou obtenir une ....
→ *Cliquez ici*

N'oubliez pas de lire notre article consacré au .... Erasmus qui propose de nombreux avantages pour tous ceux qui veulent étudier à l'étranger. → *Cliquez ici*

Faites le test pour savoir si vous êtes prêt à partir dans un autre pays, pour un .... en entreprise, pour un Job ou pour suivre une .... professionnelle. → *Cliquez ici*

107. cent sept   Unité 6 – « C'est loin ! »

Unité 6 — Apprendre à apprendre

Exprimer son point de vue (préparation à l'exercice oral du DELF)

1 Je repère le thème du texte et l'opinion de l'auteur.

a. Lisez le document attentivement. Soulignez les mots clés du texte et les idées principales.

> **Sujet** *Se désintoxiquer des jeux vidéo grâce au sport*
>
> Au Vietnam, une école a développé un programme de sport pour aider les adolescents accros aux jeux vidéo. Certains jeunes Vietnamiens passent en effet jusqu'à 18 heures par jour sur leurs écrans ! Maintenant, les élèves de cette école doivent se lever tous les matins à 5 h 30. Après plusieurs semaines à l'école, Mây, 16 ans, s'est habituée à ce rythme très particulier. Aujourd'hui, elle va beaucoup mieux : « *Avant, j'étais déprimée dans ma chambre. Je ne parlais à personne... Ici je peux parler à beaucoup de gens.* » Dans cette école, ouverte en 2009, les jeunes « *perdent leurs mauvaises habitudes grâce au sport.* » selon le vice-directeur de l'établissement. Certains élèves trouvent les professeurs trop stricts, mais pour les spécialistes, cette pratique est très saine.
>
> *D'après francetvinfo.fr, 12/02/2018.*

a. **Quel est le sujet du texte ?**
1. Le sport au Vietnam. ☐
2. L'école contre les addictions. ☐
3. Le sport contre les addictions. ☐

b. **Quelle opinion est défendue par l'auteur ?**
1. La pratique du sport dans cette école est trop stricte. ☐
2. La pratique du sport est inutile. ☐
3. Le sport peut aider les jeunes accros aux jeux vidéo. ☐

2 Je présente le document.

Complétez la présentation du document en vous aidant de l'exercice précédent.

Ce document est un .... tiré du site .... Il date du .... et il a pour thème .... Dans le document, l'auteur affirme que ....

3 Je présente mes idées de façon organisée.

a. Quand faut-il utiliser les mots de la liste ? Classez-les.

je suis convaincu(e) que – par exemple – selon moi – je ne suis pas sûr(e) que – je pense que

▶ Pour exprimer son opinion : ....   ▶ Pour donner un exemple : ....
▶ Pour exprimer la certitude : ....   ▶ Pour exprimer le doute : ....

b. Remettez le texte dans l'ordre.
1. parce qu'ils sont stressés. Il est évident que... → ....
2. nous sommes tous différents. Par exemple, le dessin me détend plus que le sport. → ....
3. Tout d'abord, je pense que beaucoup de jeunes jouent beaucoup aux jeux vidéo... → ....
4. Selon moi, le sport peut aider certains jeunes à se débarrasser de leur addiction mais... → ....
5. passer 18 heures par jour devant un écran n'est pas sain. → ....
6. je ne suis pas sûr que cela soit efficace avec tout le monde car... → ....

4 Je conclus.

Remettez ces phrases de conclusion dans l'ordre. Aidez-vous des majuscules et de la ponctuation.

a. je / En / c'est / addictions. / les / conclusion, / combattre / dirais que / combattre / une façon originale de
→ ....

b. cette technique / qu'elle n'est pas / Finalement, / efficace. / je / intéressante / pense que / totalement / est / mais
→ ....

c. un excellent / ces / je / c'est / Pour / que / d'aider / conclure, / jeunes. / crois / moyen
→ ....

Portfolio

	Oui	Pas complètement	Pas encore
Langue			
Je peux exprimer la condition.			
Je peux exprimer le but.			
Je peux exprimer le doute, la certitude, la possibilité.			
Je peux exprimer la conséquence.			
Je peux exprimer la cause.			
Je peux exprimer l'hypothèse.			
Je peux exprimer le regret.			
Je peux exprimer la satisfaction.			
Grammaire			
Je sais utiliser les structures « *pour/afin de/dans le but de/dans l'objectif de* + infinitif ».			
Je sais utiliser les structures « *pour que/afin que* + subjonctif ».			
Je sais utiliser les structures « *si* + verbe 1 au présent, verbe 2 au futur ».			
Je sais utiliser *parce que*.			
Je sais utiliser *alors, donc, c'est pourquoi, par conséquent*.			
Je sais conjuguer au conditionnel passé.			
Lexique			
Je connais du lexique relatif aux échanges internationaux.			
Je connais du lexique relatif aux études universitaires.			
Je connais bien le lexique relatif à la formation professionnelle.			
Je connais du lexique relatif à la robotique.			
Je connais du lexique relatif au secteur de la santé.			
Phonétique			
Je distingue bien les sons [s] et [z].			
Je prononce correctement [s] et [z].			
Civilisation			
Je connais le programme Erasmus.			
Je connais plusieurs démarches à suivre pour étudier en France.			
Je connais différents types d'études qui existent en France.			

Unité 6 — Entraînement au DELF B1

Compréhension de l'oral

Vous allez entendre trois documents sonores, correspondant à trois exercices.
Pour le premier et le deuxième document, vous aurez :
- *30 secondes pour lire les questions ;*
- *une première écoute, puis 30 secondes de pause pour commencer à répondre aux questions*
- *une seconde écoute, puis 1 minute de pause pour compléter vos réponses.*

Exercice 1 🎧 75

1. Erica va habiter avec qui ? ....
2. Erica part dans combien de temps en Erasmus ?
   a. Dans un mois. ☐
   b. Dans plusieurs mois. ☐
   c. Dans un an. ☐
3. Selon elle, l'Espagne accueille combien d'étudiants Erasmus par an ? ....
4. Qu'est-ce qu'Erica va faire après son séjour ?
   a. Un stage en Amérique du Sud. ☐
   b. Une formation en hôtellerie en Italie. ☐
   c. Un master en Argentine. ☐

Exercice 2 🎧 76

1. Quelle qualité il faut avoir pour étudier à l'étranger ?
   ....
2. Pourquoi il faut s'informer avant de choisir sa destination ?
   a. Parce que certaines différences culturelles peuvent choquer. ☐
   b. Parce que certaines destinations sont trop dangereuses. ☐
   c. Parce que, dans certains pays, un visa est obligatoire. ☐
3. Selon beaucoup d'étudiants, qu'est-ce que leur séjour leur a permis de faire ?
   ....
4. Pourquoi est-ce que cela peut aider professionnellement ?
   a. Parce que cela prouve qu'on parle une langue étrangère. ☐
   b. Parce que cela montre qu'on arrive s'adapter facilement. ☐
   c. Parce que cela indique qu'on est indépendant. ☐

Exercice 3 🎧 77

Vous avez une minute pour lire les questions ci-dessous. Puis vous entendrez une première fois un document sonore. Ensuite, vous aurez trois minutes pour répondre aux questions. Vous écouterez une deuxième fois l'enregistrement. Après la deuxième écoute, vous aurez encore deux minutes pour compléter vos réponses.

1. Qu'est-ce que Sébastien a dû faire pendant son stage ?
   ....
2. Pourquoi Sébastien a voulu faire son stage au Moyen-Orient ?
   a. Parce qu'il a beaucoup de contacts dans cette région. ☐
   b. Parce que c'est une région réputée dans son secteur. ☐
   c. Parce qu'il s'intéresse beaucoup à la culture locale. ☐
3. Pourquoi il n'a pas eu de mal à communiquer ?
   ....
4. Pourquoi Sébastien est-il content de son stage ?
   a. Parce qu'il se sent plus confiant maintenant. ☐
   b. Parce qu'il s'est fait beaucoup d'amis à Dubaï. ☐
   c. Parce que cela lui permis d'avoir son diplôme. ☐

Compréhension des écrits
Exercice 4

Vous cherchez un séjour linguistique à Paris pour améliorer votre niveau en français.
- ▶ Vous pouvez partir le 25 juillet et vous devez rentrer le 20 août.
- ▶ Vous voulez dépenser 200 € maximum pour les cours.
- ▶ Vous voulez visiter la capitale française tous les après-midis.

Les cours de l'Institut Lutèce

Notre institut, créé il y a 20 ans, se trouve en plein cœur de Paris et accueille un public très large, des débutants complets jusqu'au niveau « expert ». Vous pouvez suivre nos cours de français le matin ou l'après-midi.

Nos tarifs : 180 euros pour un mois de formation !

Attention :
L'institut Lutèce sera fermé du 15 août au 1er septembre.

Paname séjour

Venez apprendre le français dans la Ville Lumière à des tarifs exceptionnels : seulement 190 euros les 4 semaines de cours !

Notre centre de langue parisien vous propose un séjour linguistique en immersion totale du **27 juillet au 17 août** avec au programme des cours de conversation et des activités pour découvrir la culture française de 9 h à midi avec des professeurs francophones expérimentés !

Campus Paris

Vous voulez profiter de votre été pour améliorer votre prononciation et enrichir votre vocabulaire ? Alors, choisissez nos cours intensifs d'été pour améliorer et consolider votre niveau d'anglais.

Nos cours de langue et de civilisation ont lieu **du lundi au vendredi de 9 h à 12 h du 28 juillet au 18 août** à 5 minutes de la tour Eiffel pour seulement 250 euros

Centre La Provence

Découvrez la langue française dans un environnement idéal ! Notre centre La Provence vous propose des cours intensifs du 15 juillet au 14 août à des prix imbattables : 180 euros pour un mois de cours intensifs !

Pour vous permettre de profiter de la ville, nos cours de langue se déroulent uniquement l'après-midi, à seulement quelques minutes à pied du port de Marseille !

1. Dans le tableau, indiquez par une croix si le critère (☒) est respecté ou non.

	Institut Lutèce		Campus Paris		Paname Séjour		Centre La Provence	
	Oui	Non	Oui	Non	Oui	Non	Oui	Non
Cours de français								
Lieu								
Dates								
Prix								
Horaires								

2. D'après les résultats, quel séjour choisissez-vous ? ....

Unité 6

Production écrite

Exercice 5
On dit souvent que les séjours à l'étranger permettent de progresser en langue et aussi de devenir plus adulte. Qu'en pensez-vous ? Vous écrirez un texte construit et cohérent sur ce sujet (160 à 180 mots).

Production orale

L'épreuve se déroule en trois parties qui s'enchaînent. Elle dure entre 10 et 15 minutes. Pour la 3e partie, vous disposez de 10 minutes de préparation. Cette préparation a lieu avant le déroulement de l'ensemble de l'épreuve.

Exercice 6
Exercice en interaction
Vous jouez le rôle qui vous est indiqué sur le document.

> **Sujet**
> Votre famille reçoit un(e) lycéen(ne) français(e) dans le cadre d'un échange international mais il/elle déprime parce qu'il/elle est loin de sa famille. Vous discutez avec lui/elle pour l'aider à retrouver le moral.
> L'examinateur joue le rôle du lycéen/de la lycéenne.

Exercice 7
Expression d'un point de vue
Vous dégagez le thème soulevé par le document et vous présentez votre opinion sous la forme d'un exposé personnel de 3 minutes environ. L'examinateur pourra vous poser quelques questions.

> **Sujet**   *Choisir son orientation*
> Obligés de prononcer des vœux d'orientation en cours d'année, un élève de terminale sur deux ne sait pas ce qu'il veut faire professionnellement. Les lycéens choisissent une filière, mais ne savent pas toujours à quels métiers elle mène. Résultat : beaucoup d'étudiants regrettent de ne pas avoir été davantage conseillés par des spécialistes. C'est très souvent les parents qui guident leurs enfants dans leur choix d'orientation, mais ce ne sont pas les meilleurs conseillers. Pour s'informer, beaucoup de jeunes utilisent Internet et vont sur des sites spécialisés ou des réseaux sociaux professionnels pour vérifier la réputation d'une école ou d'une université. Mais il est souvent difficile pour eux de se repérer dans toutes ces informations. Pour être guidé dans ses choix, un jeune a besoin de l'aide d'un adulte, d'un modèle, qui peut être un ami des parents ou le parent d'un copain par exemple, parce que c'est grâce au dialogue qu'on peut réellement trouver sa voie
>
> *D'après http://www.20minutes.fr*

- Présentation de l'épreuve .... p. 114
- Partie 1 : compréhension de l'oral .... p. 115-116
- Partie 2 : compréhension des écrits .... p. 117-119
- Partie 3 : production écrite .... p. 120
- Partie 4 : production orale .... p. 121

DIPLÔME D'ÉTUDES EN LANGUE FRANÇAISE DELF A2

Version scolaire et junior

Nature des épreuves	Durée	Note sur
Compréhension de l'oral Réponse à des questionnaires de compréhension portant sur trois documents enregistrés (deux écoutes). *Durée maximale des documents : 6 minutes*	25 min environ	/25
Compréhension des écrits Réponse à des questionnaires de compréhension portant sur deux documents écrits : • dégager les informations utiles par rapport à une tâche donnée ; • analyser le contenu d'un document d'intérêt général.	35 min	/25
Production écrite Expression d'une attitude personnelle sur un thème général (essai, courrier, article…)	45 min	/25
Production orale Épreuves en trois parties : • entretien dirigé ; • exercice en interaction ; • expression d'un point de vue à partir d'un document déclencheur.	15 min *Préparation : 10 min pour la 3ᵉ partie de l'épreuve*	/25

Seuil de réussite pour obtenir le diplôme : 50/100
Note minimale par épreuve : 5/25
Durée totale des épreuves collectives : 1 heure 45 minutes

Note totale :	/100

Partie 1

Compréhension de l'oral

25 points

CONSIGNES

Vous allez entendre 3 enregistrements, correspondant à 3 documents différents.
Pour chaque document, vous aurez :
- 30 secondes pour lire les questions ;
- une première écoute, puis 30 secondes de pause pour commencer à répondre aux questions ;
- une deuxième écoute, puis 1 minute de pause pour compléter vos réponses.

Répondez aux questions en cochant (☒) la bonne réponse ou en écrivant l'information demandée.

Exercice 1

7 points

1. Qu'est-ce que L'Art et le Cœur ? *1 point*
   - a. Une association de bénévoles de Marseille. ☐
   - b. Une association d'étudiants de Montpellier. ☐
   - c. Une association d'artistes de Montreuil. ☐

2. Qu'est-ce que cette association défend ? *1 point*
   - a. La solidarité. ☐
   - b. La liberté. ☐
   - c. Les droits des enfants. ☐

3. Où les fêtes de l'association ont lieu ? *1 point*
   - a. Dans la bibliothèque de l'université. ☐
   - b. Sur le campus de l'université. ☐
   - c. Au restaurant universitaire. ☐

4. Combien l'association a récolté en avril dernier ? *2 points*
   ....

5. Qu'est-ce qu'on peut faire sur le site de L'Art et le Cœur ? *1 point*
   - a. S'inscrire comme bénévole. ☐
   - b. Contacter l'équipe de l'association. ☐
   - c. Faire un don à l'association. ☐

6. Qu'est-ce qu'il y aura le mois prochain ? *1 point*
   - a. Un concert. ☐
   - b. Des conférences. ☐
   - c. Une exposition de photos ☐

Exercice 2 🎧 79
10 points

1. La manifestation évoquée par le document s'est déroulée : *2 points*
   - a. il y a quelques jours à Orléans. ☐
   - b. cette semaine à Bordeaux. ☐
   - c. le mois dernier à Paris. ☐

2. Qu'est-ce que le journaliste dit à propos des fausses informations et des rumeurs ? *1,5 point*
   - a. Elles sont de plus en plus nombreuses sur Internet. ☐
   - b. Il y en a uniquement sur les réseaux sociaux. ☐
   - c. Il y en a moins ces dernières années. ☐

3. Selon Adrien, qu'est-ce qu'il faut faire pour reconnaître une fausse information ? *1 point*
   - a. Il faut vérifier si l'information apparaît sur d'autres sites. ☐
   - b. Il faut vérifier le nom de l'auteur de l'article. ☐
   - c. Il faut vérifier si l'image est un photomontage. ☐

4. Qu'est-ce qu'Adrien dit exactement *2 points*
   - a. 80 % des informations sur Internet sont fausses. ☐
   - b. 80 % des fausses informations viennent du même site. ☐
   - c. 80 % des fausses informations sont faciles à reconnaître. ☐

5. Où fait-on de l'éducation aux médias ? *2 points*
   ....

6. Que sont « les Médiatiques » ? *1,5 point*
   - a. Des rencontres et des débats sur les médias. ☐
   - b. Une école de journalisme de la ville d'Orléans. ☐
   - c. Un journal rédigé par des professeurs, des lycéens et des journalistes ☐

Exercice 3 🎧 80
8 points

1. Quelle est la profession d'Anissa Benjelloun ? *2 points*
   - a. Infirmière urgentiste. ☐
   - b. Infirmière puéricultrice. ☐
   - c. Infirmière généraliste. ☐

2. Qu'est-ce qu'elle doit faire ? *1 point*
   - a. Analyser les examens des malades. ☐
   - b. Discuter avec les malades. ☐
   - c. Choisir les médicaments des malades. ☐

3. Pour Anissa, qu'est-ce qui est difficile dans sa profession ? *1 point*
   - a. De changer tout le temps d'horaires de travail. ☐
   - b. De communiquer avec les malades. ☐
   - c. De donner des informations précises à l'équipe. ☐

4. Qui est médecin dans la famille d'Anissa ? *1 point*
   ....

5. Pour passer le concours d'école d'infirmière, il faut avoir : *2 points*
   - a. un bac scientifique. ☐
   - b. un bac économique et social. ☐
   - c. un bac, peu importe la filière. ☐

6. La formation à l'école d'infirmière dure combien de temps ? *1 point*
   ....

Partie 2
Compréhension des écrits
25 points

Exercice 1
10 points

Vous êtes en vacances en France. Vous voulez voir un film français au cinéma.
- *Vous vous intéressez aux films tirés d'histoires vraies.*
- *Nous sommes samedi et il est 15 heures.*
- *Vous voulez dépenser 10 euros maximum.*

L'Affaire Martin

Nous sommes à Paris en 2008. Le jeune inspecteur François Duval doit mener une enquête sur d'étranges meurtres qui surviennent dans tous les quartiers de la capitale française. Les recherches de l'enquêteur sont longues et complexes, car le tueur ne laisse pas de trace et les victimes se multiplient. Ce film de Frédéric Huchet, inspiré d'un triste fait divers, est particulièrement angoissant. Jérémie Garcia est très convaincant en inspecteur Duval !
Langue : français. – Tarif : 9 euros.
Horaires : le mardi à 21 h ; le vendredi à 19 h 30 ; le samedi à 14 h.

Vol 754

Le pilote Ben Jefferson, qui a plus de vingt ans d'expérience, se trouve au cœur d'une violente tempête lors du vol de New-York à Los Angeles. Les cent cinquante passagers qui se trouvent à bord de l'avion sont terrifiés et le pilote doit essayer un atterrissage en urgence. Y arrivera-t-il ? Un film plein de suspense, librement inspiré de la catastrophe survenue il y a trois ans à Miami.
En 3D uniquement.
Langue : anglais sous-titré. – Tarif : 12 euros.
Horaires : le mercredi à 19 h ; le vendredi à 18 h 30 ; le samedi à 15 h 30.

Les Escrocs

Pierrette et Michel Meté possèdent une impressionnante collection d'œuvres de street art. Ils vendent régulièrement les peintures aux plus grands amateurs du monde à des millions d'euros. Mais le scandale éclate quand on découvre que les œuvres vendues ne sont que des copies ! Des enquêteurs se lancent alors à la poursuite des escrocs français qui ont disparu et changé d'identité ! Un film inspiré de l'« escroquerie de Nice » qui avait fait la une de la presse dans les années 1980.
Langue : français. – Tarif : 9 euros.
Horaires : le lundi à 20 h ; le mercredi à 18 h 30 ; le samedi à 15 h 30.

Des étoiles dans les yeux

Océane a 17 ans et, comme beaucoup de jeunes de son âge, elle veut devenir une star. Elle est accro aux écrans et aux réseaux sociaux : elle regarde beaucoup de vidéos de jeunes femmes à qui elle veut ressembler. Un jour, elle décide de se filmer et diffuse ses vidéos sur une plateforme. Le succès arrive très vite : en quelques jours, Océane a des milliers d'abonnés et de fans. Mais la célébrité et les critiques sont parfois difficiles à supporter quand on a 17 ans... Une fiction qui intéressera les jeunes !
Langue : français. – Tarif : 9 euros.
Horaires : le mardi à 19 h ; le mercredi à 15 h 30 ; le jeudi à 18 h 30.

1. Dans le tableau, indiquez par une croix si le critère (☒) est respecté ou non. *2 points*

	L'Affaire Martin		Vol 754		Les Escrocs		Des étoiles dans les yeux	
	Oui	Non	Oui	Non	Oui	Non	Oui	Non
Type de film								
Langue du film								
Jour								
Horaire								
Prix								

2. D'après les résultats, quel film choisissez-vous ? *2 points*

....

Exercice 2

15 points

Lisez ce texte puis répondez aux questions en cochant (☒) la bonne réponse, ou en écrivant l'information demandée.

YOUTUBEUR : UN MÉTIER D'AVENIR ?

Kevin Tran, 24 ans, est étudiant ingénieur à Paris, mais son quotidien n'est pas uniquement consacré aux études et révisions. Depuis quelques années, aux côtés de son jeune frère Henry, élève en école de commerce, il anime sur YouTube la chaîne humoristique « Le Rire jaune », suivie par 2,9 millions d'abonnés et qui totalise 322 millions de vues. Dans de courtes vidéos, le duo amuse ses fans avec des vidéos sur les examens, les profs et les relations entre les filles et les garçons. « *Je passe mes journées à écrire et filmer mes vidéos* », explique le jeune homme qui est une semaine par mois à l'école.

Comme Kevin, de plus en plus de jeunes deviennent youtubeurs. Ils y jouent la comédie, parlent de maquillage, de jeux vidéo ou de mythologie grecque. Mais ce n'est pas tout : « *Je suis à la fois un peu auteur, réalisateur, acteur, artiste…* » explique Kevin, qui ne souhaite pas chercher

du travail après l'obtention de son diplôme. « *Sur YouTube, je n'ai que des avantages : je n'ai pas de chef, je n'ai que des collaborateurs avec qui je crée de nouveaux projets, ce qui est très riche humainement.* »

Les youtubeurs les plus suivis ont des millions d'abonnés, comme une vraie chaîne de télévision ! Norman et Cyprien, youtubeurs humoristiques français, totalisent à eux deux plus de 16 500 000 abonnés. Grâce aux collaborations avec de grandes marques, certains youtubeurs touchent un salaire mensuel d'une dizaine de milliers d'euros !

Mais attention ! « *Il est très important de rester proche de ses amis* », constate Léa, qui a plus de 2,5 millions d'abonnés sur les réseaux sociaux. « *J'ai dû apprendre à ne pas lire les critiques trop violentes ! Il faut être solide !* » Être célèbre demande également de s'adapter pour continuer à intéresser ses abonnés. « *Tout peut aller très vite, dans un sens comme dans l'autre, analyse Emma, qui fêtera ses 20 ans en juillet. Nous n'avons aucune sécurité ! Une nouvelle génération de youtubeurs est déjà en train d'arriver, nous devons donc sans cesse évoluer et nous renouveler.* »

Anil partage cet avis : « *J'ai commencé sur YouTube en jouant à des jeux vidéo. Aujourd'hui, je filme mon quotidien et mon "vlog" (blog vidéo) et je rencontre un nouveau public. Il faut vraiment tenir compte des commentaires des abonnés, de leurs attentes, sinon une carrière sur YouTube peut s'arrêter.* »

D'après lemonde.fr, « Ils ont lâché leurs études pour devenir youtubeurs », 26 mai 2015.

1. Que fait Kevin Tran dans la vie ? *1 point*
   a. Il est étudiant en école de commerce. ☐
   b. Il est youtubeur et ingénieur. ☐
   c. Il fait des études et anime un chaîne. ☐

2. Qu'est-ce que le Rire jaune ? *2 points*
   ....

3. Que fera Kevin quand il aura son diplôme ? *1 point*
   a. Il veut devenir acteur. ☐
   b. Il ne veut pas arrêter ses vidéos. ☐
   c. Il cherchera du travail. ☐

4. Vrai ou faux ? Cochez la bonne réponse. *3 points*

	Vrai	Faux
a. Norman et Cyprien ont au total plus de 16 500 000 fans.	☐	☐
b. Norman et Cyprien ont chacun plus 16 500 000 abonnés.	☐	☐
c. Norman et Cyprien sont les humoristes les plus célèbres de la télévision.	☐	☐

5. Qu'est-ce qui permet à certains youtubeurs de bien gagner leur vie ? *2 points*
   ....

6. Pourquoi, selon Léa, il est important de rester proche de ses amis quand on est youtubeur ? *2 points*
   a. Parce que quand on est célèbre, on peut oublier la réalité. ☐
   b. Parce que les gens font parfois des commentaires blessants. ☐
   c. Parce qu'il y a beaucoup de jalousie sur les réseaux sociaux. ☐

7. Selon Emma, quand on est youtubeur, il est aussi important : *2 points*
   a. de faire attention à la sécurité de sa chaîne. ☐
   b. d'être jeune et dynamique. ☐
   c. de ne pas ennuyer ses abonnés. ☐

8. D'après le texte, quel type de vidéo Anil réalise aujourd'hui ? *2 points*
   ....

Partie 3

Production écite

25 points

Aujourd'hui, les jeunes passent beaucoup de temps sur les écrans et ne se parlent pas directement. Selon vous, est-ce que les outils numériques rapprochent les gens ou les éloignent ? Vous expliquerez votre opinion en donnant des exemples précis. (160 mots minimum.)

Partie 4

Production orale

25 points

L'épreuve se déroule en trois parties qui s'enchaînent. Elle dure entre 10 et 15 minutes. Pour la 3ᵉ partie seulement, vous disposez de 10 minutes de préparation. Cette préparation a lieu avant le déroulement de l'ensemble de l'épreuve.

Entretien dirigé (2 à 3 minutes)

Vous parlez de vous, de vos activités, de vos centres d'intérêt. Vous parlez de votre passé, de votre présent et de vos projets. L'épreuve se déroule sur le mode d'un entretien avec l'examinateur qui amorcera le dialogue par une question (exemples : « Bonjour… Pouvez-vous vous présenter, me parler de vous, de votre famille ? »).

Exercice en interaction (3 à 4 minutes)

Vous tirez au sort l'un des deux sujets que vous présente l'examinateur. Vous jouez le rôle qui vous est indiqué.

Sujet 1 — *Tourisme en France*
Vous êtes en vacances en France chez un ami. Vous voulez assister à un festival de musique ensemble. Vous aimeriez aller à un concert de musique francophone, mais votre ami préfère la musique anglophone. Vous cherchez ensemble une solution.

Sujet 2 — *À la gare*
Vous passez une année scolaire en France. Votre lycée d'accueil interdit l'utilisation du téléphone dans l'établissement. Vous avez besoin d'être en contact très régulier avec votre famille et vous souhaitez utiliser votre smartphone dans le lycée. Vous discutez avec le chef d'établissement pour trouver une solution.

Expression d'un point de vue (5 à 7 minutes)

Vous dégagez le thème soulevé par l'un des deux documents et vous présentez votre opinion sous la forme d'un exposé personnel de 3 minutes environ. L'examinateur pourra vous poser quelques questions.

Sujet 1 — *L'obsession de la nourriture saine*
Sans sucre, sans sel, sans lait, sans viande : les régimes alimentaires qui imposent des interdictions sont de plus en plus nombreux. Si manger sainement est une attitude intéressante et positive pour rester en bonne santé, l'obsession de l'alimentation saine est considérée comme un trouble alimentaire. En effet, ce n'est pas une maladie, mais cela peut néanmoins être dangereux et provoquer des angoisses ou des manques... Ce phénomène inquiétant est favorisé par les scandales alimentaires qui font régulièrement la une de la presse, mais aussi par les fausses rumeurs qui circulent sur Internet. Alors, que faire pour aider ces personnes obsédées par la « pureté » de leur alimentation ? Il vaut mieux leur conseiller de consulter des spécialistes de l'alimentation comme des nutritionnistes pour retrouver une alimentation plus équilibrée et accepter les sensations de faim et de plaisir.

Sujet 2 — *« Je vis encore chez mes parents. »*
« Ce phénomène international est plus masculin que féminin et il existe dans plusieurs pays d'Europe », explique la sociologue Cécile Van de Velde, spécialiste de la jeunesse à l'EHESS. L'instabilité professionnelle peut expliquer cette situation, mais pas toujours : les jeunes adultes qui ont un emploi continuent parfois à habiter chez leurs parents. En effet, un emploi stable ne permet pas toujours d'accéder à l'autonomie immobilière. « C'est aussi la hausse des prix du logement qui explique cette situation absurde », explique Manuel Domergue qui travaille pour la Fondation de l'Abbé Pierre. Cécile Van de Velde le confirme : « Ce phénomène s'explique par plusieurs raisons économiques : augmentation du taux de chômage chez les jeunes, coût des études plus élevé, hausse des prix immobiliers... C'est une génération qu'on appelle "boomerang" ou "kangourou" parce qu'elle doit retourner vivre chez sa famille et qu'elle n'arrive pas à acquérir ou à conserver son indépendance. »

LEXIQUE

Unités 1 à 6

- Unité 1 .... p. 123
- Unité 2 .... p. 124
- Unité 3 .... p. 125
- Unité 4 .... p. 126
- Unité 5 .... p. 127
- Unité 6 .... p. 128

Unité 1

une acropole ....
l'adolescence ....
un(e) adolescent(e) ....
l'année dernière / prochaine ....
....
le caractère ....
convivial(e) ....
curieux/curieuse ....
dans le futur ....
dans le passé ....
dans quelques jours ....
déterminé(e) ....
une église ....
emblématique ....
l'enfance ....
un enfant ....
les étapes de la vie ....
être né(e) ....
une gare ....
un immeuble ....
un jet d'eau ....
un lieu ....
moderne ....

un monument ....
la naissance ....
naturel(le) ....
un parc ....
une pyramide ....
un quai ....
qualifier ....
une serre ....
situer ....
sociable ....
solitaire ....
un souvenir ....
se souvenir de (je me souviens de) ....
....
un stade ....
une statue ....
un trait de caractère ....
un temple ....
tolérant ....
une tour ....
tranquille ....
une usine ....
une ville ....

Unité 2

accuser sans preuves ....
une action ....
une apologie du terrorisme ....
....
appeler à la violence / à la haine...
....
avoir du sens ....
avoir honte ....
blesser ....
une calomnie ....
une campagne ....
capituler ....
casser les codes ....
une cause ....
une chaîne YouTube ....
un combat ....
une communauté ....
condamner ....
une conviction ....
courageux/courageuse ....
des crimes de guerre / contre l'humanité ....
....
défendre ....
se défendre ....
défendre ses opinions ....
dénoncer ....
la diffamation ....
donnant-donnant ....
donner un coup de main ....
le droit ....
un droit (le droit à l'éducation) ....
....
l'éducation ....
une compensation ....
en contrepartie...
engagé(e) ....
l'engagement ....
s'engager ....
un espoir ....
l'exil ....
fixer des limites ....
fréquenter ....

la haine ....
la honte ....
un hashtag ....
l'humanité ....
l'indépendance ....
un instigateur ....
instiller ....
la liberté ....
les limites ....
la loi ....
lutter ....
malheur à qui… ....
une menace ....
montrer la voie ....
une notification ....
s'opposer ....
l'originalité ....
prétendre à ....
un problème éthique ....
la rémunération ....
rémunérer ....
un reporter ....
un réseau social ....
résister ....
le respect ....
respecter/faire respecter ....
....
la révolte ....
se révolter ....
soutenir ....
un sponsor ....
sponsorisé(e) ....
un ton libre ....
un travers ....
un utilisateur / une utilisatrice ....
....
se venger ....
la vie privée ....
la violence ....
un youtubeur/ une youtubeuse ....
....

Unité 3

à six heures ....
une affaire ....
allumer la télé ....
un(e) avocat(e) ....
bientôt ....
changer de chaîne ....
une chaîne ....
dans les prochains jours / mois ....
....
une émission ....
en quelques minutes / secondes ....
une enquête ....
escroquer ....
éteindre la télé ....

hier matin ....
un juge ....
la justice ....
un magazine ....
une minisérie ....
pendant plusieurs mois ....
un programme ....
un reportage ....
la semaine dernière / prochaine ....
....
un scandale ....
une série ....
la télévision, la télé ....
une victime ....
zapper ....

Unité 4

apporter de l'aide ....
agir en toute impartialité ....
une aide ....
une assistance médicale ....
une association ....
une association humanitaire ....
....
le bénévolat ....
un/une bénévole ....
caritatif/caritative ....
une catastrophe naturelle ....
....
une collecte ....
une compétence ....
un conflit armé ....
contribuer ....
un don ....
un donateur/une donatrice ....
....
une épidémie ....
l'exclusion des soins ....
un(e) filleul(le) ....

un fonds ....
humanitaire ....
l'impartialité ....
indépendant(e) ....
une initiative ....
s'investir ....
une levée de fonds ....
une mobilisation ....
mobiliser ....
un mode de vie ....
une ONG (organisation non gouvernementale) ....
....
une pandémie ....
parrainer ....
une personne démunie ....
récolter des fonds ....
un(e) réfugié(e) ....
une ressource ....
sensibiliser ....
soutenir des actions ....
venir en aide ....

Unité 5

ah bon ? ....
une amende ....
l'art ....
un article ....
un(e) artiste ....
l'authenticité ....
l'autorisation ....
sans autorisation ....
bête ....
bizarre ....
c'est bizarre ....
choquant ....
comment ça ? ....
la confiance ....
faire confiance ....
la création ....
critiquer ....
la curiosité ....
je suis curieux de… ....
dangereux/dangereuse ....
un débat ....
décalé(e) ....
dessiner ....
diffuser ....
un écran ....
ça m'est égal ....
être poursuivi(e) ....
être condamné(e) ....
une exposition ....
s'exprimer ....
faire la une ....
ne pas faire de mal ....
iconoclaste ....
l'indifférence ....
ça me laisse indifférent ....
intelligent(e) ....
pas très intelligent(e) ....
intéressant(e) ....
ça m'intéresse ....

c'est (super) intéressant ....
le journalisme ....
juger ....
un(e) manifestant(e) ....
numérique ....
peindre ....
une peine ....
le papier ....
parier ....
parodique ....
un phénomène ....
un photomontage ....
une polémique ....
la presse ....
la presse papier et numérique ....
....
protester ....
publier ....
punir ....
peu recommandable ....
relayer une information ....
le reportage ....
une rumeur ....
un scandale ....
le street art ....
la surprise ....
je suis surpris(e) (de… / que…) ....
....
tourner en dérision ....
tracer ....
traquer une information ....
trouver ....
je ne trouve pas ça intéressant ....
....
la une (d'un journal) ....
la valeur ....
le vandalisme ....
une vidéo virale ....
viral(e) ....

Unité 6

une application ....
un(e) apprenti(e) ....
une bourse d'étude ....
le cancer ....
un champ d'application ....
une démarche ....
un développement ....
le diabète ....
les études ....
faire des études ....
être admis(e) ....
être fier/fière ....
être très heureux (se) ....
un(e) étudiant(e) ....
un échange ....
étudier à l'étranger ....
un examen ....
un examen de sélection ....
une expérience ....
une filière ....
une formation ....
innovant(e) ....
un marché innovant ....
l'intelligence artificielle ....
un laboratoire ....
un laboratoire pharmaceutique ....

majeur(e) ....
une place majeure ....
une maladie ....
un médicament ....
la mobilité ....
un programme d'échanges ....
obtenir ....
pharmaceutique ....
une position ....
professionnel(le) ....
la recherche ....
un robot ....
la robotique ....
la santé ....
la satisfaction ....
un secteur ....
la sélection ....
se sentir bien ....
le sida ....
un stage ....
universitaire ....
une université ....
un virus ....
un visa (étudiant) ....
le Zika ....